我们一起解决问题

爆款文写作指南

羽毛 一木 舒允◎著

手把手教你写出
快速变现的好文章

人民邮电出版社
北京

图书在版编目（ＣＩＰ）数据

爆款文写作指南：手把手教你写出快速变现的好文章 / 羽毛，一木，舒允著. -- 北京：人民邮电出版社，2020.9（2020.9重印）
ISBN 978-7-115-54267-0

Ⅰ. ①爆… Ⅱ. ①羽… ②一… ③舒… Ⅲ. ①传播媒介－文书－写作 Ⅳ. ①G206.2

中国版本图书馆CIP数据核字(2020)第104570号

内容提要

  本书围绕新媒体文章的选题、结构、大纲、素材、排版等对新媒体写作进行了详细的解析，并辅以案例进行阐述，具有较强的实操性。此外，本书针对新媒体文章的不同类型，如情感类文章、亲子类文章、职场类文章、励志类文章等，以及从如何开始准备到完稿的整体步骤都一一进行了介绍，对初学写作者更有针对性，让零基础写作水平的人也能掌握新媒体写作的技巧，并从中受益。

  本书还涵盖了目前较火的短视频、朋友圈、小红书、卖货等方面的文案写作，是一本实用性较强的变现工具书。

◆   著   羽 毛 一 木 舒 允
  责任编辑 黄海娜
  责任印制 彭志环

◆ 人民邮电出版社出版发行   北京市丰台区成寿寺路 11 号
  邮编 100164 电子邮件 315@ptpress.com.cn
  网址 https://www.ptpress.com.cn
  三河市中晟雅豪印务有限公司印刷

◆ 开本：720×960 1/16
  印张：16   2020 年 9 月第 1 版
  字数：190 千字   2020 年 9 月河北第 2 次印刷

定 价：69.00 元

读者服务热线：（010）81055656 印装质量热线：（010）81055316
反盗版热线：（010）81055315
广告经营许可证：京东市监广登字 20170147 号

写作，真的能改变人的命运

如果你想要写作，就悄悄地对自己说："我要成为大作家，我只需要从现在开始努力。"

就像当初的我们一样。

每写下一个文字就对自己说："嗨，我开始了！"

每写下一个故事就对自己说："哇，我真棒，能把别人的故事写出来了！"

每写完一篇文章就鼓励自己说："原来我可以坚持写 2 000 字！"

从小到大，老师教我们写日记、写作文，通过这些文字我们留下了一些印记。

长大后，生活并不如想象中那么美好，每天都有很多事不断地吞噬我们的理想。

你还会想起，你曾经也想过要成为一个大作家吗？

记住，没有到达山顶的人，看不到最远、最美的风景。

这是写作者的人生，也是我们坚持自己的梦想、回归自己初心的人生。

在学习写作前，因为很多纠缠不清的事情，我在无数个夜晚辗转反侧，不能入睡。一想到未来的渺茫，我的内心就充满焦虑、恐惧，甚至产生过极端的念头。

在那段时间，我有过歇斯底里，有过深夜痛哭，甚至觉得整个世界都抛弃了自己。

一次，妈妈在电话里小心翼翼地问我："女儿，你的钱够用吗？"

电话这头的我哭得稀里哗啦，不是因为钱，而是长久以来干涸的心田里从没有注入过一丝雨露，现在却突然降了一场大雨。

拿起笔后，我开始过上另一种人生，我的世界里只剩下文字，痛苦的、委屈的、孤单的日子，都在文字里变成轻烟薄雾，最终消失得无影无踪。

之后，在我和一木、舒允三个人相伴走过的两年的岁月里，文字像流星一般闪耀在我们的身边，让我们成为一个又一个平台上的常驻者。

这源于我们内心深处希望更多的人在文字里得到安宁和宽慰，成就自己精彩的人生。并且我们还做到了让更多的人跟随着我们的脚步，成为他们最想成为的那个人。

至此，我们影响的不仅仅是某个人、某件事，而是许许多多的人和家庭。

因此，这件事值得我们一直做下去。

——羽毛

我特别喜欢一句话："接受能接受的，改变能改变的。"

就像人生的前20年，我一直都信奉"知足常乐"，觉得能在朝九晚五的工作之余，过着玩手机、追剧的生活也挺好。

直到2017年的冬天，在本命年即将到来之时，我突然对这样的生活感到莫名的恐惧，害怕自己的安于现状导致以后的生活陷入如此无聊的循环中。

因此，我决定做点什么改变这种状况。

一位书友告诉我："现在，微信上很多公众号都长期对外征稿，反正你平时有时间，也喜欢写东西，为什么不试试向公众号投稿呢？"

就这样，我开始从网上了解了公众号收稿的情况、不同平台的需求……在摸索了一个多月、写了无数篇废稿后，我的第一篇新媒体文章终于在千万粉丝大号"有书"上发布了。

后来，我又签约了百万粉丝大号"富兰克林读书俱乐部"，其中上稿的文章《被语言暴力毁掉的中国孩子》意外刷爆朋友圈，一个月内被500多个平台转载，全网阅读量累计超过千万。

从那时开始，找我约稿的编辑络绎不绝。也是从那之后，我的稿费收入成倍增长，仅半年时间，就超过我全职工作收入的三倍。

我不再像以前那样迷茫，生活也变得充实而有趣，就连买东西也从先偷看价格，变成"喜不喜欢最重要"。此外，还能随时开启一场说走就走的旅行。我去了很多自己想去的地方，也看到了不一样的风景。

因为写作，我认识了羽毛和舒允，即使我们三个人不同龄且相隔很远，但思想和行动的同频，让我们一起创立了羽木舒文化传媒有限公司。截至目前，我们已经成功帮助了一万多名学员实现上稿和变现。

写作不仅改变了我们的人生，也改变了我们的很多学员的生活。

正因如此，我们才相信，如果你愿意，你也可以。也正因如此，才有了这本书。

这本书囊括了我们在写作过程中总结出来的最有效的方法，以及在长达一年的写作培训过程中提炼出的写作技巧和秘诀。

如果我告诉你："用不了多久，你也会成为一名优秀的作者，会出版自己的书，并且拥有自己的事业"，你会相信吗？

换成以前的我，或许也不会相信。但事实证明，一切都有可能，千万不要高估现在的自己，更不要低估未来的自己。

请记住，很多时候我们意识不到自己生命中重要时刻的来临，直到回首往事时才懂得，那些时刻真的很重要。

就像此刻，当你打开这本书的这一刻，不一样的人生之路已经开始了。

只要你从现在开始迈出第一步，请相信你一定会和我们一样，拥抱更好的生活，遇见更美好的自己。

——一木

我是一名职场妈妈，如果没有遇到新媒体写作，我就不会发现，原来生活可以如此精彩。

与新媒体写作结缘始于 2017 年 7 月二宝出生之后，当时我休假在家，没有任何收入。

当时，我真切地感受到了"贫贱夫妻百日哀"的窘境。

有一次商场促销，很久没逛街的我买了两件换季打折的大衣，心里正美滋滋的时候，老公说了一句："买冬天的衣服干什么，现在又穿不着？信用卡还没有还呢，你看我都多久没买衣服了。"

听到这番话，我耳根一红，鼻子一酸，灰溜溜地走进房间。看着熟睡中的二宝，我的眼泪大颗大颗地掉了下来。

一方面我觉得老公说得很对，另一方面我觉得现在的日子过得太憋屈了。

从那以后，我开始意识到，钱仅靠省是远远不够用的。家庭开支越来越多，如果不想办法拓宽收入渠道，日子只会越来越艰难。

因此，带娃之余我不断留意网上的兼职信息。一个偶然的机会，我在知乎上看到网友的分享，说通过写作可以挣钱，并且大多数微信公众号文章的稿酬是几十元到上千元。

在网上写文章居然能挣钱？就算 50 元一篇，一个月写 10 篇也能挣 500 元，为什么我不试试呢？于是，我坐在电脑前开始奋战。然而，我辛辛苦苦写的第一篇稿子被拒了。我不服气，再写，再被拒。我仍不气馁，又写，又被拒。接连几次被拒后，我的心都凉透了。

颓废了整整一天后，我沉下心来进行反思：为什么别人的文章被采纳，而我的却被拒？肯定是我写的文章哪里不够好。冷静下来之后，我调整了心态，不再只想着成稿和上稿，而是一心想着如何提高自己的写作水平。

我把自己的文章和上稿的文章反复进行对比，用笔标注出自己的文章的不足之处，前前后后分析了300多篇优质的新媒体文章。为了提升写作技巧，我花钱报了线上写作课；为了积累素材，我阅读了几百本电子书；为了写一篇符合要求的稿子，我写了20多篇初稿，最终的版本改了不下10次。再次投稿的时候，我心如止水，反正已经经历了很多次失败，也不在乎这一次了。

第二天我打开邮箱，一句话迎面而来："您好，您的稿子已被收录，请联系小编微信，方便结算稿费。"那一刻，我开心地跳了起来，激动地流下了眼泪。虽然稿费只有100元，但对于从未上过稿的我来说，已经很满足了。

有了第一次上稿的经验后，我劲头十足。慢慢地我发现，那些上稿的文章虽然内容不同，但结构大体相同，而且文章的选题和角度的选择也有很多技巧。就这样反复分析、试验、不断琢磨，我总结出一套完整的写作方法。

我运用这套写作方法所写的文章，只要投出去基本都能上稿。我从一个月上稿几篇到上稿几十篇，稿费也从开始的每月几百元到后来的上万元。新媒体写作让我收获了丰厚的稿费，给拮据的生活带来了一线曙光。

　　更令我惊喜的是，因为写亲子类文章，我需要不断地看书和听课，从中学习了很多科学的育儿知识。以前我对待孩子没耐心，经常对孩子大吼大叫。如今，我用全新的方式和孩子相处，我们之间的关系也在一点点地改变。

　　新媒体写作也让我与羽毛和一木结缘，我们有了一份自己的事业，通过这份事业，链接到了更多优秀的人，和他们一同成长。

　　因为接触了新媒体写作，我更有力量和勇气面对生活中的种种不如意，以崭新的姿态面对新生活。写作不一定能改变你的一生，但一定能改变你的状态和心态，让你充满力量！

——舒允

目　录

第一部分　新媒体写作入门

第二部分　分类进阶

第三部分　快速变现

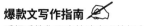
第四部分　持续写作

第一部分

新媒体写作入门

第一章

写作入门

第1节　什么是新媒体文章

有一次，我们被邀请给某高校的大学生讲课，主办方让我们和"00后"分享新媒体文章及其写作的相关内容。

令人欣喜的是，这些"00后"对新媒体文章并不陌生，有些同学甚至开通了自己的微信公众号。

说起新媒体文章，就不得不提微信公众号。2011年，微信诞生；第二年，微信推出公众号平台。直至今天，10亿日活量（即日活跃用户数量）的微信引领着新媒体、新媒体产业和新媒体文章蓬勃发展。

一、什么是新媒体文章

新媒体文章其实是一个相对的概念，即除传统媒体文章（即纸媒）之外都属于新媒体文章的范畴。新媒体文章有以下特征。

1. 流量标题，内容为王

对微信公众号而言，"流量"指的是用户的留存率、打开率、日活量。新媒体文章的要求是用流量的思维做标题，但仍然需要内容作为支撑。

微信公众号是一个相对封闭的环境，如果读者发现自己关注的公众号是标题党（即文章内容通常与标题无关或相关度不高），就很可能取消关注。因此，虽然有些新媒体文章会采用迎合读者口味或吸引眼球的标题，但并不会过分夸大。

不论文章的表现形式如何，内容为王不分时代，因此我们在写新媒体文章时，一定不能做标题党。

2. 故事为主，说理为辅

在新媒体文章中，故事讲得越生动就越能调动读者的情绪，引起他们的共鸣，也就能吸引更多的粉丝。

但是，故事情节也不宜太复杂，重点是把和文章主题相关的部分写清楚。在评价故事或说理时，内容也不宜过多。

3. 抓住痛点，引发共鸣

什么是痛点？痛点就是人们都恐惧和焦虑的东西。

新媒体文章之所以能快速吸引人们的注意力，就是因为它能又快又好地抓住人们的痛点。

例如，之前某平台发布一篇文章《网红富二代身份曝光引发全网热议：富人那么容易成功，我们普通人还有必要努力吗？》，直击那些失业、贫困、高额负债人群的痛点，用"没有伞的孩子，要学会努力奔跑"引起读者的共鸣。

二、一篇好的新媒体文章意味着什么

如果一篇新媒体文章的阅读量是 10W+，除了表明它是一篇好文章之外，还能给自媒体带来丰厚的报酬。

1. 流量

在微信公众号上，一篇文章的文末若有 10W+ 的阅读统计，就意味着这篇文章的阅读量超过了 10 万。阅读统计可以衡量一篇原创文章写得好不好，有没有引起读者的关注和转发。

一篇阅读量 10W+ 的文章可以一次性为平台带来数万个粉丝。

当然，有些微信公众号因为粉丝数量基数大，头条的阅读量一般都是 10W+，对它们而言这个数字的意义并不大，它们追求的可能是100W+，甚至 1 000W+。

不管粉丝量有多少，每个自媒体人和写作者的内心都拥有无数个10W+ 的梦想。

2. 广告费

以一个拥有 40 万个粉丝的公众号为例，如果该公众号发布的文章的阅读量经常是 10W+，那么它的广告费就会比同粉丝量公众号的高。更重要的是，公众号的带货能力越强，广告费就越高。

3. 个人 IP

对于经常发布或写出阅读量 10W+ 的文章的自媒体和写作者来说，打造个人 IP（即树立自己的品牌）就相对容易一些。而且在新媒体领域，IP 和品牌在任何媒介形态下都能获得大量的粉丝。

例如，"年糕妈妈"公众号上的文章，阅读量经常是 10W+，该公众号的粉丝有 300 多万。短视频开始流行后，年糕妈妈进入抖音短视频领域，在短时间内就收获了近 500 万粉丝。

三、新媒体文章对读者和写作者的积极影响

由于新媒体文章的传播速度快、传播面广，因此对大部分人都产生了一定的影响。

现在，各个新媒体平台涌现出的越来越多的干货类文章，的确给人们带来了很多新鲜的观点、技能和知识，也帮助人们解决了很多问题。

除此之外，人人都能参与的新媒体文章写作也让不少人和我们一样，成为其中的受益者。

新媒体文章改变了很多人，让大家在不知不觉中学习和分享知识，创造属于自己的人生。

四、错过新媒体写作，将是一件非常遗憾的事情

其实，写作是这个世界上最公平的事，尤其在新媒体时代。

1. 普通人的发声机

在人人都是自媒体的时代，每个人都有发声的权利。在此之前，普

通人想要发声或得到曝光明显比较困难。

现在，平台多、发稿快，你甚至可以创造属于自己的自媒体平台，只要你足够努力，就可能让大家看到你的文字和听到你的声音。

2. 碎片化时间的力量

现代人工作和生活的节奏都比较快，时间碎片化严重，于是很多人觉得每天属于自己的时间太少了。但新媒体写作可以让我们在碎片化的时间里积少成多，最后实现弯道超车。

其实，大部分新媒体文章的写作者并非全职作者，他们往往还拥有一个主要职业，写作只是他们的副业而已。就像我们三个人一样，刚开始也是在工作之余进行写作，随着写作水平的提升，新媒体写作对我们的本职工作产生了积极的影响。

此外，在我们的写作社群里，有很多写作者都是宝妈，她们一边照顾孩子，一边学习写作。除了写作水平得到提升和获得另一份收入之外，在写作过程中的学习、反思与感悟，也让她们更懂得如何爱自己、经营婚姻和养育孩子。

3. 更容易得到更多"面包"

在传统媒体时代，想要发表文章，需要写作者有一定的文学造诣和素养，并且要有一定的文字功底。此外，要想靠写作挣钱，不仅要会写文章，还要懂得如何与编辑沟通选题、找到编辑的联系方式，这样才有可能投稿成功。

相比之下，新媒体文章的写作就简单多了。你只需要在微信公众号中找到投稿邮箱，通过邮箱投稿，快的话几分钟就能知道自己的稿子是否被录用。此外，新媒体文章的稿费是传统纸媒的数倍乃至上百倍。

之前，写作圈的一位朋友私下对我们说："你们真的以为靠写作能养活自己？别做梦了。"事实证明，我们不仅靠写作养活了自己，而且正在帮助更多的人靠写作养活自己。

所以，生活在这样一个便利的时代，如果你错过了新媒体文章写作，那真的是一件非常遗憾的事情。

第 2 节　关于新媒体写作的六大误区

最近两年，我们身边的朋友常对我们说：

"真羡慕你们现在的工作，不像我的工作，工资少、加班多，平时有事请假还得看领导的脸色。"

"自从有了孩子，每天都是围着孩子转。作为全职妈妈，怎样既能照顾孩子又能顺便挣钱呢？"

"我当初听了家人的话，成为公务员，这两年工作是稳定，可现在我生活在三线城市，花销却是一线城市的水平。我也想像你们一样，用业余时间挣点儿钱。"

作为新媒体写作的受益者，我们就建议这些人试试新媒体写作，先不说能否靠写作养活自己，起码可以掌握一项易学且能快速增加收入的技能。

但大家的回答一般是：

"我太忙了，连看书的时间都没有，哪有时间写作啊！"

"聊天还行，写作就算了吧，就我这点学问，说出去都怕别人
笑话。"

"上学的时候我连作文都写不好，不可能靠写作挣钱。"

只要提起"写作"，大家首先想到的是"文学"，这就让很多人觉
得写作是一件很难的事。

但是，在开始写新媒体文章之后你会发现，其实新媒体写作是只要
你愿意做就可以做到的事，同时也是让普通人实现逆袭的"加速器"。

所以，如果你刚刚接触新媒体写作，对它还不是太了解，千万不要
因为有畏难情绪而掉入以下三大误区。

1. 只有有天赋和写作基础的人才能写作

当一个人擅长做某件事时，大家就会说："人家有天赋，一般人做
不了。"而当一个人很努力地去做一件事却一直失败时，就会有人说：
"别折腾了，你在这方面没有天赋。"

有绘画天赋的人，就一定会成为画家吗？擅长唱歌的人就一定会成
为歌手吗？与之相反，一个人即使没有某一方面的天赋，就意味着他
一定做不了某事吗？事实并非如此。

著名戏曲表演艺术家梅兰芳当初拜师学艺时，师父说他长着一双
死鱼眼睛，灰暗又呆滞，根本就不是学戏的料儿。但是他并没有因此
放弃，后来他喂鸽子、养金鱼，双眼紧跟着飞翔的鸽子和游来游去的

金鱼，日复一日地努力练习，最终他的眼睛变得生动有神、熠熠生辉。因此，梅兰芳说："我是个拙笨的学艺者，没有充分的天才，全凭苦学。"

可见，只要你愿意付出时间和精力，即使没有天赋，也可以做得很好。

新媒体写作是每个人都能掌握的一项技能，因为它具有一般人看得懂、学得会、易上手的写作技巧。

就新媒体写作而言，拥有一定的写作功底，可能只意味着你有一块很好的"垫脚石"，但这并不意味着没有写作功底的人就失去了写作的"资格"。

有一定的写作功底是一件好事，它能帮助你写一篇更好的新媒体文章；没有写作功底也不一定是一件坏事，因为你受传统写作的影响和限制更少，反而能更快地掌握新媒体文章的写作技巧。

2. 只有经历丰富、长期积累的人才能写作

如果你读过很多书、见过很多人、经历过很多事，这的确对你的写作有很大的帮助。

然而大多数人的生活都一样，"眼前的苟且不值一提，诗和远方遥不可及"，但这并不意味着我们就无话可说或无事可写了。

在一木辞职做自由撰稿人的那段时间，由于约稿太多，她经常十天半个月不出门。曾有很多读者留言说她写的亲子类文章道出了妈妈们的心声，以至于当知道一木是一个没有孩子、甚至还没结婚的"90后"时，很多读者惊讶之余是满满的钦佩。

虽然我们常说艺术源于生活，但并不是说你在写作时用到的素材或你想写的内容必须是自己的亲身体验。你可以搜集、积累和整理属于自己的素材库，这部分内容我们会在后文详细讲述。

3. 写新媒体文章，对写作者的年龄和学历有要求

最近几年，我们亲眼看见很多人因为新媒体写作实现了逆袭。

在刚接触新媒体写作时，我们认识了一位53岁的写作者，她打算用新媒体写作来丰富自己的生活。现在，她已经成为写作课的讲师，开启了自己的副业。

@二次元猫小姐很早就辍学了，参加工作后，两次被解雇。她做过服务员、流水工，也经历了创业和失败。

35岁时，她开始写新媒体文章，虽然刚开始时写一篇文章要三四天，但她没有放弃，在37岁时完成了人生的第一个梦想——出书。在前不久她还成立了自己的工作室。

与大多数人相比，她的起点确实不高，但正是通过新媒体写作，让她开始了一个不一样的精彩人生。

@凌薇是我们写作社群里一个"00后"小姑娘，刚过完18岁的生日。刚开始时，她写的文章经常被我们当作反面教材。但是这从未浇灭她的写作热情，通常一篇文章她要改七八遍。在刚开始写作的一个月里，她的一篇文章就被某公众号录用，拿到了1 000元的稿费。

之后，她上稿的篇数和稿费不断增加。现在，她每月仅稿费收入就过万。与那些伸手向父母要钱的同龄人相比，新媒体写作让她更独立，也让她更有底气。

这样的事例，我们见过很多很多。

年龄、学历、身份、经历……都不是问题，能困住你的，只有你自己；能成就你的，也只有你自己。

所以，如果你想开始新媒体写作，不要想太多，只管动笔写。就像小孩在接触新事物时，他们从不会先给自己预设，只想着怎么学才能更快地学会、怎么做才能做得更好。

如果你已经开始尝试新媒体写作，针对初学者也有三个误区，越早避开越好。

1. 我手写我心，只写自己想写的

写作就是作者通过文字传递自己的观点和态度，但这并不意味着你可以肆意地表达自己的情绪和想法。

例如，你准备写一篇有关婚姻的文章，讲述丈夫应该看到妻子的付出，结果却在文章中一直抱怨平时丈夫对妻子不好，这就不叫"我手写我心"。

此外，如果你一会儿写励志类文章传递正能量，一会儿写职场类文章，一会儿又开始写情感类文章……这也不叫"我手写我心"，只能说你没有找到自己的写作定位。

长此以往，一方面你的写作能力提升得很慢；另一方面你很难打造自己的 IP，无法留住精准的读者和粉丝。

在写新媒体文章时，你可以不追热点新闻或事件，只写自己想写的人和事。但是，如果你想变现或获得更多的阅读量，最好将自己的观点与热点新闻或事件结合起来。

2. 只要坚持写，就一定能越写越好

在写作的道路上，从不缺乏努力的人。有很多人写了很久，如坚持日更 365 天、每天 2 000 字等，但这样做真的有用吗？

在《异类：不一样的成功启示录》一书中，作者指出："一万小时的锤炼是任何人都能从平凡变成超凡的必要条件。"于是不少人将"一万小时定律"视为检测自己是否足够努力的标准。无论做什么事，坚持都很重要，但更重要的是你是如何坚持的。

对于有一定写作功底的写作者来说，坚持写作能让你保持一定的手感。例如，村上春树每天写 4 000 字，几十年如一日。然而，这种方法并不适合每个人。在无法保证文章质量的前提下，如果你一直闷着头写，可能是一件痛苦且没有意义的事情。

俗话说，磨刀不误砍柴工，不断学习和掌握正确的写作方法，基本能保证你写出来的每一篇文章都比上一篇好，这才是坚持写作的目标。

3. 没有灵感、时间太少、总被拒稿，一遇困难就不写了

在我们的写作社群里，总会遇到以下几种人。

- 最近没有灵感，等有灵感了再写。什么是灵感？其实就是我们的灵敏度和感应力。灵感不会主动来找你，没有灵感就去看一看热点新闻或事件、多搜集素材、不断保持输入。

- 最近没有时间，等有时间了再写。比没有质量的日更更可怕的就是间歇性努力。结果可能就是等你有时间写的时候，写作水平又退回到了起点。

- 写了几篇文章，但都被拒稿了，于是觉得自己不是写作这块料。刚开始写作时，被拒稿是常事，对此你要有心理准备。文章是否被录用，一方面和文章的质量有关，被拒稿说明你的写作水平还有待提高；另一方面也与平台的调性、发文的时机、热点新闻或事件的影响等有关。我们会在后文中讲述如何提高中稿率，总之，不要轻易否定自己。

在刚开始写新媒体文章时，被录用不是首要目标，先把文章写好，被录用就是水到渠成的事。

勿忘写作初心，保持写作的平常心，不断提升自己的写作能力，你就一定会越写越好，越走越远。

第3节　开始新媒体写作前，你需要做的六大准备

"我肚子里没什么'墨水儿'，能写文章吗？"

"我没接触过新媒体写作，能掌握新媒体文章的写作技巧吗？"

"如果没人认可我写的内容怎么办？"

……

在开始写作之前，我们也有过这样的疑问，总担心自己学不会或不会写，即使写出来了又担心自己的文章被否定。

事实上，新媒体写作是一件非常接地气的事，只要你能够运用日常

生活中的案例引出自己的观点，引发读者的共鸣，文章的可读性和转发率就不是问题。

所以，在开始新媒体写作之前，不要对自己设限。但是，你需要做好以下准备。

一、找好自己的写作定位

写作定位就是确定自己想写的领域或文章类型。在开始写作之前，你最好先确定自己的写作方向。

目前，常见的新媒体文章主要有情感类、亲子类、职场类、励志类、观点类等。

如果你是一名大学生，励志类文章和校园情感类文章就比较适合你；如果你已经步入职场，有一定的职场经验，可以尝试写职场类文章；如果你是一名宝妈，可以尝试写亲子类文章或夫妻情感类文章。

当然，写作定位并不是唯一的和绝对的，除了与个人标签有关外，也需要与你的经历、兴趣、爱好、特长等相匹配。

在正式开始写作之前，请你闭上眼睛思考一下，你的身份标签是什么、特长是什么，有什么独特的经历，对什么感兴趣。在综合考量之后，再确定自己的写作定位。

二、关注所定位的公众号

在确定好写作定位后，下一步就是关注与你的写作定位相符的公众号，并初步了解公众号中的文章。

怎样找到自己定位的公众号呢？下面我们介绍几种方法。

1. 在微信中直接搜索

打开手机中的微信软件，点击右上角的搜索按钮，会出现如图1-1所示的页面。

点击下方的"公众号"选项，输入关键词。例如输入"育儿"，就会出现很多与育儿有关的公众号（如图1-2所示）。找到你想关注的公众号，点击进入（如图1-3所示）。

图1-1　微信搜索界面截图

点击"关注公众号"，就可以成功关注，并查看该公众号上的所有文章。同样，其他领域的公众号也可以采用这种方法进行搜索。

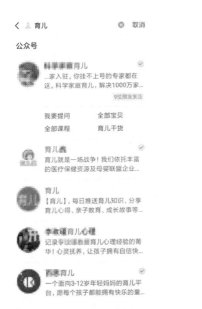

图1-2　在微信搜索中输入"育儿"搜索
到的公众号截图

图1-3　某育儿公众号界面截图

2. 在新榜上搜索

你可以在新榜（如图 1-4 所示）上直接搜索所定位领域公众号的排行榜。先输入关键词，点击按钮进行搜索，搜索可以是日榜、周榜、月榜。对于新媒体写作的初学者来说，可以直接查看月榜里面的信息。

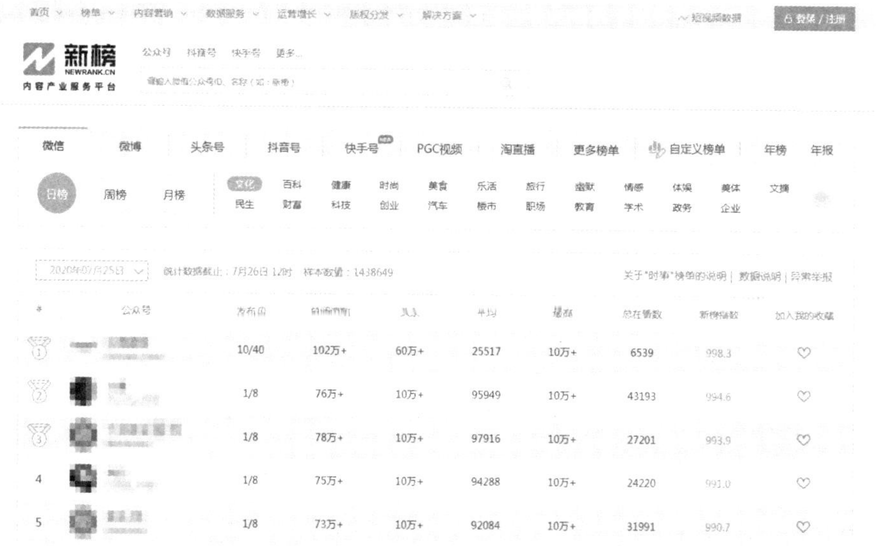

图 1-4 新榜网站界面截图

你可以在新榜上查看公众号的排名，然后将自己想关注的公众号的名字记下来，按照第一个方法关注公众号。

3. 关注投稿类公众号

如果你想通过投稿赚取稿费，也可以先关注一些投稿类的公众号。按照第一个方法在微信搜索区内输入"投稿"，查找一些刊登投稿消息的公众号并关注，方便日后投稿。

三、对公众号中的文章进行浏览、拆解和学习

在关注定位的公众号后，你就可以浏览里面的文章，对新媒体文章有一个初步的了解。例如，大多数新媒体文章都分几个部分呈现，而每个部分大多是先讲案例或故事，然后作者提出自己的观点。此外，新媒体文章的字数一般是 1 800 ～ 3 000 字。

在对所定位的公众号中的文章有了初步了解后，我们就可以有针对性地拆解文章（下文简称"拆文"）了。

为什么要拆文？原因如下。

- 拆文是新媒体写作的初学者快速掌握文章结构和找到写作灵感的有效方法之一。
- 在拆文的同时，可以慢慢养成一定的语感，有助于之后的写作。
- 可以在拆文的过程中发现自己的不足，调整写作方法和方向。

在拆解文章的过程中，我们要确定几个要素：选题、结构、素材。有关这几个要素的具体内容我们在后文中会详细讲述。

初学写作者要保持一天拆解一篇文章，如果时间允许，一天拆解两篇更好。在拆文的过程中，我们建议你使用 Word 文档留存，方便日后浏览和复习。拆文的方式大同小异，下面是拆解一篇文章的模板。

文章标题：《优秀的父母，都有点"不讲理"》

文章结构：递进式

01 部分：引出主题（与大多数讲道理的家长相比，"不讲理"是
更明智的选择）

02 部分：为什么（因为讲道理是在做无用功）

03 部分：为什么（因为理解和爱比讲道理更有用）

04 部分：怎么做，即方法论（用情景代替说教、巧用故事传递思
想、幽默地贴近孩子的心、倾听孩子的心声）

这是一个基本的拆解模板，在分析完文章的基本框架后，再对文章
的素材、过渡、金句、故事刻画等逐一进行分析。

在开始新媒体写作前，你可以先做上述工作。当然，这并不是说开
始写作之后就不需要拆解文章了；注重基础练习和细节，才能获得真
正的进步。

除了定位写作方向外，拆解文章、关注热点新闻或事件、输入理论
知识等都需要持续进行，并且贯穿写作的整个过程。

四、关注热点事件或新闻

通过拆解公众号上的文章，你会发现，大部分新媒体文章的选题来
源于热点新闻或事件，所以在平时你要养成搜集热点新闻或事件的习
惯，对热点新闻或事件保持敏感。

例如，你可以关注微博和各大新闻网站，如网易新闻、澎湃新闻、
新浪新闻、搜狐新闻等。在查看新闻的时候，迅速找到与自己的写作

定位相关的内容，并思考这个热点事件或新闻可以引申出什么样的观点或得出什么样的结论。

五、看书，保持持续输入

如果一篇文章只是单纯地讲述案例或故事，没有相应的理论作为支撑，那么这篇文章就没有说服力。因此，在论述观点时，如果我们引用一些科学实验、学科理论、名人名言等，可以有效增强说服力。而这些理论的直接来源就是书籍。因此，在写作之前，你可以有针对性地看一些书，做好阅读规划。

例如，如果你写职场类文章，可以搜索与职场心理学、职场生存法则、职场攻略等有关的图书；如果你写励志类文章，可以找励志类的图书，特别是名人写的书就更有说服力了；如果你写情感类文章和亲子类文章，可以看与亲密关系、儿童心理学相关的图书，掌握异性和孩子的特点及与他们相处的方法。

六、做好"持久战"的准备

虽然新媒体写作的门槛低，但要想写出阅读量高的好文章就需要付出一定的努力。有些人刚开始的时候觉得新媒体写作很简单、很接地气，可一到动笔才发现，自己半天都写不出一句话。

例如，在我们的写作社群里，有一位写作者就曾经遇到过这个问题。她所学的专业是汉语言文学，在读大学时就经常写诗歌和散文。她认为自己有一定的写作基础，写新媒体文章肯定没问题。但是，虽然她对某个热点新闻或事件感兴趣，却不知道从哪个角度写；好不容易定下了写作角度，又找不到合适的案例；案例找到了，在论述的时候又太过生硬、离题万里……无奈之下，她只好沉下心来用心研究别人的文章，并反复修改自己的文章，最后才勉强写出符合要求的新媒体文章。

因此，无论你有没有写作功底，在新媒体写作面前，每个人都是从零开始。唯独怀有"空杯"心态，瞄准目标、慢慢积累并坚持下去，才能在新媒体写作领域有一定的成就。

第二章

学会写作

第 1 节　如何找到好选题，解决你的无从下笔

一、什么是选题

选题是文章的主题、中心思想，也是文章的灵魂所在。我们常说"好看的皮囊千篇一律，有趣的灵魂万里挑一"，对文章而言同样如此，只有选题好，文章才更具可读性。

有一次，羽毛向某公众号的编辑发了一份素材，询问对方是否可围绕这份素材写一篇文章。编辑问她："选题是什么？"她说："别人家的老公。"编辑听完就让羽毛赶紧写。

当时该公众号上的文章日常阅读量一直保持在 5 000 左右，最高是 1.5 万。虽然羽毛写的这篇文章是一个广告文案，阅读量竟达到了 5 万。

可见，想要文章获得更高的阅读量，选题非常重要。

二、爆款选题是策划出来的

对写作者而言，研究选题是写好文章的前提，而策划选题则是写好文章的基础。同样的选题，有的文章能成为爆款，但有的文章却不温不火。

一木曾写过一篇以"语言暴力"为主题的文章（《被语言暴力毁掉的中国孩子》），发表后没多久，全网阅读量上千万，至今仍有平台不断转载。之后，也有很多人写过这个选题，但并没有成为爆款文章。

此外，羽毛写过一篇以"隐形盐"为主题的育儿科普类文章，全网阅读量达到了几百万；舒允以"川崎病"为主题写的一篇育儿科普类文章，也成了上百万阅读量的爆款文章。

根据我们的写作和培训经验，要想策划一个选题至少应该做到以下三点。

1. 常规选题要反常规

什么是常规选题？二胎、婆媳关系、同理心、"熊孩子"等这些大家经常看到和聊的话题就属于常规选题。

当发现与这类选题相关的素材时，你不要立即动笔，应该先深挖选题，寻找走向不同甚至完全相反的方向，看看是否行得通。

当一个选题被写过无数次，尤其对某段时期内经常出现的常规选题，我们一定要反复寻找新角度，寻找反向观点，剑走偏锋。

例如，当一些公众号发布以"辅导孩子写作业很难、父母教育方式不得当"等为主题的文章且都以"批判"的态度为主时，有一个公众号却以此为主题，用诙谐的方式表达了家长在辅导孩子写作业时的愤怒和无奈，化严肃、沉闷为轻松、搞笑。在此之前，这个公众号的日常阅读量在 2 000 左右，而这篇文章的阅读量达到了 5 万。

很多新媒体文章的选题方向都中规中矩、人云亦云，以致很多人都产生了阅读疲劳。因此，在策划选题的时候，常规的选题要从反常规的角度写。

2. 热点话题要落脚在常规选题上

热点话题主要与当下发生的重大事件有关，即作者围绕热点话题和事件表达自己的观点与立场。例如，很多电影在上映时，会引发各种话题讨论，这时很多公众号上就会发布与此有关的热点话题文章。

电影《哪吒》上映时，围绕这部电影的热点话题就迅速出现在各大公众号上，如"我命由我不由天""善恶同体是哪吒，也是我们""原生家庭"等。

可见，即使是围绕热点话题写新媒体文章，文章的主题仍会落到常规选题上。

3. 有争议的选题立场要坚定

有些选题具有争议性，但有时也值得一写。

某公众号曾以"有钱的男人都喜欢丑女"为主题发布过一篇文章，阅读量很高。因为这个主题与一般人的观点不符，读者在质疑、好奇的同时，就想点开文章看一看作者究竟为什么这样认为。

写好这类选题的前提是不管选题具有多大的争议性，写作者都要坚定地相信自己的观点。只有你坚定地相信自己，读者才能坚定地相信你。

三、如何寻找爆款选题

同样是写新媒体文章，为何有的人篇篇都是爆款，而有的人绞尽脑汁也想不出一个好选题？

其实，要想找到好选题，可以从以下三个方面着手。

1. 网络平台热门话题

新浪微博、知乎、今日头条、豆瓣、抖音、快手等热门平台是热门话题的诞生地。

很多爆款话题和事件一般先出现在微博上，尤其是微博热搜，有很多值得写的话题和事件。

例如，有一个孩子在家里上网课，他从卧室背着书包到书房的视频上了热搜。以此为例，我们可以挖掘很多可写的选题：

- 学习中的仪式感；

- 父母的态度对孩子的影响；

- 孩子，我为什么一定要你好好学习；

- 自律；

- 学习是父母和孩子共同合作的过程；

- 家庭教育决定孩子的起跑线。

要想写出爆款文章，就需我们经常去微博、知乎、今日头条、豆瓣寻找热点话题和选题。

现在，从抖音和快手等短视频平台也能找出很多选题，如辅导孩子写作业、替儿女征婚等，这些选题很常见，也很热门，值得你去关注和试着写一写。

2. 身边发生的事情

写作来源于生活，但高于生活。选题也是如此，我们身边发生的很多事情都可以成为写作的选题和素材。

很多人都见到过这样的场景：妈妈急着要走，孩子磨磨蹭蹭地跟在后面，妈妈边走边对孩子大吼："你快点儿！你不走，妈妈走了。"

如果我们分析这件小事，就可以发现下列选题：

- 孩子磨磨蹭蹭，可以提炼出"孩子磨磨蹭蹭怎么办"之类的选题；
- 妈妈吼孩子，本身就是一个爆款选题；
- 妈妈走了，可以提炼出"孩子安全感的形成"等爆款选题；
- 不懂得控制自己情绪的妈妈对孩子的影响，威胁对孩子人格的影响等。

因此，只要当生活中的有心人，写作者就能找到爆款选题。

3. 制造爆款选题

寻找选题的最高境界就是自制爆款选题。

有一个公众号平台曾发布过一篇阅读量上亿的文章，这篇文章叫《百亿保健帝国权健，和它阴影下的中国家庭》，这个选题甚至被改成小品上了中央电视台的春晚。

很多大的公众号，其文章的选题需要全体工作人员开会商议决定。他们会不断切换角度，反复验证策划出来的选题是否能引发读者的共鸣。

四、把选题切出独特的角度需要遵循的原则

在我们的写作社群里，把一个选题切出 40 多个角度很常见。

这就说明，同样一个选题，角度不同写法也不同。从某个选题中找写作角度的时候，我们一定要遵循以下原则。

1. 三观要正

写作者的三观要正，所写的文章传递出来的信息要正面、积极，不能为了博取眼球和高阅读量而夸大事实、弄虚作假。近几年，有不少公众号因此被封号。所以，在些新媒体文章时，选题或内容的三观一定要正。

2. 避开有风险的角度

对于敏感的话题，如果我们掌握不好尺度，一定不要碰。

写作者是思想和观点的传播者，我们写的文章一旦发表，或多或少都会对他人产生影响，因此，与主流方向和价值观相悖的角度及内容也不能写。

3. 有自己的思想和格局

要想成为一名爆款文章的写作者，我们要有独立思考的能力和一定的格局。

如果你的格局一般或与大多数人一样，那么写出来的文章就不能令人信服，甚至会招致各种批判。

如果你有自己的思想且格局较大，当读者从你的文章中看到不一样的观点且有一定的深度时，他们就会被吸引和感染，这样你的文章才有可能被更多的人认可和转发。

4. 把选题切得小一点

有很多选题比较笼统，比如"教育"这个选题就囊括了很多内容，如幼儿园、小学、初中、高中、大学及成人教育等，其中又包含很多更小的点，如幼小衔接、儿童心理健康、性教育、规则教育、死亡教育、金钱教育等。

当我们遇到这种比较笼统的选题时，一定要从小处落笔。

例如，我们写 0~3 岁宝宝的喂养，可以选择辅食添加、预防龋齿、母乳喂养等具体的内容，这样写出来的文章才更详细、全面且有深度，进而得到读者的认可。

最重要的是，如果选题太大，一篇文章根本写不明白，开头好写但收不回来，最后草草结束，给人一种虎头蛇尾的感觉。

总之，在找选题和切角度的时候，我们要打开思路，同时要遵循一定的原则，这样才可能找到爆款选题。

第 2 节　掌握这三种写作结构，让文章层层深入

上学的时候，刚开始学习写作文时，老师一般会告诉我们，写作文要按照"总 – 分 – 总"的结构。其实，新媒体写作也不例外。从整体上看，大多数新媒体文章是"案例 + 论述"的结构，但并不是简单的案例和论述的堆砌，而是按照一定的逻辑组合起来的。

经过对不同类型的新媒体文章进行研究后我们发现，新媒体文章大多采用以下三种结构：并列、递进和正反对比。下面我们就以虚拟的案例详细讲解一下这三种写作结构。

一、并列式结构

并列式结构就是文章的各个要素是并列的，没有主次之分。在并列式结构中，又分为清单式并列、意义要素并列、原因要素并列、危害要素并列等。

1. 清单式并列结构

以《职场新人必须掌握 4 个生存法则》一文为例，文中列出的 4 个生存法则如下：

① 尽快熟悉业务和技能；

② 少抱怨，多做事；

③ 与同事相处，把谦虚放在第一位；

④ 及时充电，提高工作效能。

我们可以发现，清单式并列结构比较简单，基本上是先把文章的中心论点提出来，然后讲述几个并列的分论点，最后再对分论点进行整合。但需要注意的是，分论点之间不能出现交叉或重叠的情况。

2. 意义要素并列结构

意义要素就是结合文章的主题，突出做某件事的作用或带来的影响。意义要素并列结构主要适用于以下选题：某件事很常见，但很多人没有意识到它的重要性，写作者通过列出这一常见事件的意义，一是吸引读者的眼球，二是引起人们的重视。

以《婚姻中，好好说话到底有多重要？》为例，这篇文章先引入一个简单的案例，然后列出好好说话的意义：

① 好好说话，能让对方感受到你对他的尊重；

② 好好说话，能化解婚姻中的矛盾；

③ 好好说话，能让夫妻相处更融洽。

虽然我们都知道要好好说话，但很多人面对最亲近的人，反而不好好说话。长此以往，婚姻就容易出现问题。所以，这篇文章就突出了"好好说话"在婚姻中的重要性。

3. 原因要素并列结构

原因要素并列结构和意义要素并列结构相似，只是把意义要素换成不同层面的原因。原因要素并列结构主要适用于大家对某件事的发生感到好奇之类的选题，需要写作者剖析原因并阐述道理。

以《为什么越努力越幸运？》为例。这篇文章就是以原因要素并列结构来写的：

①越努力，越优秀；

②越努力，心态越好；

③越努力，人缘越好。

有付出才有回报，这个大家都知道，但是越努力的人运气也越好是为什么呢？写作者通过剖析其中的原因告诉大家努力的重要性。

4.危害要素并列结构

危害要素与意义要素相反，就是做某件事带来的坏处、不好的影响。

以《别一言不合就吼孩子了，后果不敢想象》为例，这篇文章就用并列结构列出了吼孩子的危害性：

①吼孩子，导致孩子内心产生恐惧，没有安全感；

②吼孩子，导致孩子敏感多疑，做事畏首畏尾；

③吼孩子，导致孩子产生逆反心理，对父母的话左耳进右耳出；

④吼孩子，导致孩子不愿意和父母沟通。

二、递进式结构

递进式结构就是在写文章时按照层层递进的方式进行展现。例如，"案例＋原因＋方法论""案例＋危害＋方法论""案例＋意义＋方法论"，

还有两种混合型的递进式结构："案例＋原因＋危害＋方法论""案例＋
原因＋意义＋方法论"。

在职场类文章和亲子类文章中，针对这两类选题多采用递进式的写
作结构，即在阐述完原因、意义、危害后加上实操性的方法。

递进式结构和并列式结构最大的不同在于，并列式结构的侧重点是
要素部分，着重说明某件事的原因、意义、危害等，促使读者转变意
识；而递进式结构的侧重点是内容有先后之分，而且最后要加上方法
论。下面我们以一些虚拟的标题为例说明递进式写作结构。

1. 案例＋原因＋方法论

以《职场新人快速提高执行力的秘诀》这个标题为例，在写这篇文
章时，我们可以先提出如下问题：为什么职场新人执行力不高、提高
执行力会有哪些好处、怎么提高职场新人的执行力。通过分析这三个
问题，就可以用递进式的结构呈现这篇文章。

① 职场新人执行力低的原因：
② 没有找对方向；
③ 没有掌握正确的工作方法；
④ 经常抱怨和找借口。

怎么提高职场新人的执行力（方法论）：
① 拒绝拖延，把重要的事放在前面做；
② 做好时间管理，充分利用好上班的黄金时间；

③ 排除干扰，专注做事。

2. 案例＋意义＋方法论

以《陪伴，是世界上门槛最低的教育，也是最宝贵的教育》这个标题为例。对孩子来说，父母是世界上最亲近的人，所以父母的陪伴谁也代替不了。所以，文章可以先呈现父母陪伴的重要性：

① 父母的陪伴，给孩子满满的安全感；

② 父母的陪伴，让亲子关系更融洽；

③ 父母的陪伴，让孩子温暖而坚定。

父母的陪伴如此重要，那么在陪伴这件事上，父母应该怎么做呢？文章可以给出如下建议：

① 放下手机，多和孩子沟通；

② 及时回应，别让孩子一等再等；

③ 让孩子加入家里的"琐事"。

3. 案例＋危害＋方法论

以《毁掉一个人年轻人最好的方式是，让他过于安逸》这个标题为例。

过于安逸的危害：

① 不思进取，失去奋斗的激情；

② 能力退化，竞争力下降；

③ 思维禁锢，目光短浅。

如何摆脱过于安逸的状态（方法论）：

① 与时俱进，开拓思维；

② 时刻保持学习，怀有一技之长；

③ 与外界保持联系，不做井底之蛙。

三、正反对比结构

正反对比结构是从正面和反面两个方面阐述一种观念、现象等。比较经典的形式是："案例＋这样做会怎样（意义）＋不这样做会怎样（危害）"或者"案例＋错误做法＋正确做法"。正反对比结构在各种新媒体文章中被广泛运用。下面举两个虚拟的例子说明正反对比结构在新媒体文章的应用。

以《夫妻吵架后，最该做的就是……》这个标题为例。

① 错误做法：冷战、和别人说对方的坏话、离家出走……

② 正确做法：换位思考、及时沟通、给对方台阶下……

以《那些坚持到最后的人，到底活成了什么模样？》这个标题为例。

① 正面：懂得坚持，克服自己的惰性，看到人生更美的风景；

② 反面：轻易放弃，错过的不仅是机会，还有遇见最美好的自己的可能。

通过一正一反的对比，能够使主题得到双重强化，增强文章的说服力。

最后，新媒体文章的写作结构没有好坏之分，针对同一类选题的写作结构也不是固定不变的。我们可以根据自己对上述写作结构的熟悉程度及对选题的把握程度选择合适的结构。记住，无论选择哪种写作结构，最终都是为了更好地展现文章的主题，只要能把文章的主题阐释清楚，就是最恰当的结构。

第 3 节　如何列提纲，让写作逻辑清晰且快速成文

在写新媒体文章时，一提到列提纲，有人可能会说："观点确定了，案例也找好了，直接写就可以了，为什么还浪费时间列提纲呢？"

列提纲的确会花费一些时间，但却对我们写文章有很大的帮助。因为在开始写之前如果没有列提纲，我们很可能会遇到下面几种问题。

1.越往后写离题越远

我们把文章的主题定为 A，在写第一部分时还能紧扣主题；但写第二部分的时候，主题慢慢变成 B 了；在写最后一部分时，文章的主题又变成 C。等通览全文时我们才发现自己写跑题了，此时再修改工作量就很大了。

2. 条理不清晰，文章逻辑混乱

在上一节中，我们学习了写新媒体文章的三种常见结构，这三种结构不仅有助于写作者快速成文，还可以帮助读者梳理文章的内容和条理。

如果写作者不提前列提纲，就很有可能出现整篇文章看起来像几个案例的堆砌，不仅讲述的是同一个层面的意思，而且无法层层深入，容易引起读者的反感。

3. 增加写作的时间成本，影响写作的状态

如果在写作之前不列提纲，我们在写作的时候就会很随意，想到哪就写到哪。这样不仅效率低，文章的质量也很难保障。

尤其在成文后我们才发现文章存在巨大的漏洞，甚至要重新写，这就大大增加了写作的时间成本，这对写作者来说也是一种打击。

所以，为了避免出现上述几种情况，在动笔之前，我们必须花一些时间把文章的整体脉络构思好，列一个清晰明了的写作大纲。此外，有了写作大纲我们就不会在思路被打断时不知道如何往下写，也能避免跑题的现象。

既然列写作提纲如此重要，那么怎样快速列提纲，让写作事半功倍呢？下面我们为大家总结了列提纲要遵循的四个步骤。

一、找好选题，明确文章的中心观点

对于初学写作者来说，如果明确了写作定位，就可以在所关注的同领域公众号中浏览其近几个月的文章，总结归纳每篇文章的主题。

当我们对同领域公众号的选题有了一定的了解后，一个热点新闻或事件出来后，我们就知道从哪个角度写文章了。下面我们以综艺节目为例说明如何找选题和明确中心观点。

最近，比较火的情感类综艺节目有《爱做家务的男人》《女儿们的恋爱》和《妻子的浪漫旅行》等。当这些综艺节目热播时，就会出现很多热点素材，此时我们就要关注这些热点素材。

《爱做家务的男人》热播的时候，其中有这样两个场景：张歆艺送袁弘摩托车头盔，但没有直接送给他，而是藏在一大堆未拆的快递中以给他一个惊喜；袁弘在张歆艺生日及他们的结婚纪念日那天送她最爱的奥黛丽·赫本的签名照。这两个场景充满了仪式感，于是我们就可以以《仪式感，是婚姻的保鲜剂》为标题写一篇文章。

除此之外，张歆艺和袁弘在处理家庭关系时能让家人其乐融融，表明他们的情商很高，因此可以以《高情商的夫妻经营好婚姻都偷偷做到了这 3 点》为标题写一篇文章。

在确定了选题和中心观点后，还要回过头来检查选题和中心观点是否太大、过时等。太大或过时的选题存在两个问题：一是没有吸引力，二是不能引发读者的共鸣。因此，在确定选题时，我们一定要仔细斟酌和考量，定下之后再进行下一步。

二、选择恰当的结构，列出分论点

在上一节中，我们介绍了新媒体文章常见的三种写作结构，分别是并列式、递进式和正反对比。选题确定后，我们就要对选题进行剖析，提取分论点，便于选择合适的写作结构。

例如，我们准备以《职场中情绪管理到底有多重要》为标题写一篇文章。首先，我们要论述情绪管理的重要性，因此要先列出情绪管理的意义。其次，我们要思考是否需要加方法论；由于这篇文章是职场类文章，最重要的是给职场人士以方法上的指导，因此需要加上方法论，即如何在职场中管理好情绪。

在理清了思路后，整篇文章的结构就出来了，即采用递进式结构。

标题：《职场中情绪管理到底有多重要》

结构：递进式

分论点：① 情绪稳定，能够提高工作效率；

② 情绪稳定，能够改善与同事之间的关系；

③ 情绪稳定，能避免很多不必要的损失。

方法论（如何在职场中管理好情绪）：

① 换位思考，多站在对方的角度思考问题；

② 冷却法，别急着做决定；

③ 少抱怨，不让负能量影响自己的情绪。

再如，我们以《别让别人家的孩子成为孩子一生的梦魇》为标题写一篇文章。写这篇文章的主要目的是告诉父母，不要经常拿自己的孩子和别的孩子进行比较。首先，我们要写出这种比较的危害并分条列出来。其次，因为这篇文章是亲子类文章，主要是为广大父母养育子女提供建议，所以在文章的最后一部分要加上方法论。因此，这篇文章可以采用递进式结构。

标题：《别让别人家的孩子成为孩子一生的梦魇》

结构：递进式

分论点： ① 一味地比较，会挫伤孩子的积极性；

② 一味地比较，会让孩子自卑、敏感；

③ 一味地比较，会激发孩子的嫉妒心理。

方法论： ① 多做纵向比较，少做横向比较；

② 善于发现孩子的优点，用鼓励代替比较；

③ 放下高期待，遵循成长规律，静待花开。

三、寻找合适的素材或案例

在明确了选题、写作结构及分论点后，我们就可以开始搜集素材或案例了。一般来说，文章开头的素材或案例可以是日常事例，也可以是热点素材或案例，后面的分论点部分最好也辅以素材或案例来说明。

以上述《别让别人家的孩子成为孩子一生的梦魇》一文为例，每个分论点都需要 1~2 个素材或案例来支撑，因此我们要根据每个分论点进行素材或案例的搜集。

标题：《别让别人家的孩子成为孩子一生的梦魇》

结构：递进式

分论点： ① 一味地比较，会挫伤孩子的积极性（《少年派》里王胜男
要求女儿林妙妙超越自己，要孩子比父母强）；

② 一味地比较，会让孩子自卑、敏感（社会素材或案例，教师妈妈长期对孩子提出高要求，拿其他孩子作比较，结果孩子变得自卑、不想和父母沟通）；

③ 一味地比较，会激发孩子的嫉妒心理（知乎上一位网友分享的案例：妈妈经常拿自己和表妹比较，该网友心里很不服气，长大后见不得表妹比自己好）。

方法论：① 多做纵向比较，少做横向比较（高考后下跪谢恩的考生，妈妈不比较孩子之间的成绩）；

② 善于发现孩子的优点，用鼓励代替比较（电影《地球上的星星》中善于挖掘孩子优点的片段）；

③ 放下高期待，遵循成长规律，静待花开（胡可的微博，她的两个儿子各有所长，不需要进行比较）。

四、回头检查提纲

经过以上三个步骤，文章的提纲基本上就确定了，这时候我们先不要着急开始写，而是要重新检查一下提纲。

1. 检查各个分论点

特别是采用并列式结构的写作者，每一个分论点都必须是不同的层面，分论点的论述不能有交叉或重叠的情况；如果两个分论点的意思相同，就需要修改其中一个分论点。

例如，以《职场中情绪管理到底有多重要》这个标题为例，其分论

点如下：

① 情绪稳定，能够提高工作效率；

② 情绪稳定，能够让你更快地完成工作。

③ 情绪稳定，能让你避免很多不必要的损失。

在上述三个分论点中，提高工作效率和更快地完成工作的意思相同，所以就需要修改其中一个分论点。

此外，在递进式写作结构中，文章所列的方法论也必须是不同的层面。

2.检查素材或案例

一篇文章的选题再好，如果所列的素材或案例单一、过时，那么也很难吸引读者。所以在检查大纲的时候，我们也要对素材或案例进行推敲、核对。总体来说，选择素材或案例时要避免以下三点。

第一，太单一。 指的是素材的类型较少，比如要么全文都是日常案例，要么全文都是明星案例，要么全文都是社会案例……如果出现这样的情况，就要根据大纲的内容重新进行素材的搜集，替换掉部分素材。

第二，过时。 主要指的是与电影、电视剧、综艺节目、社会新闻等有关的素材或案例。此类案例有一定的时效性，时间间隔不能太长。例如，在写亲子类文章时，如果我们还用前几年上映的电影（经典电影除外）、综艺节目等作为案例，文章就会显得没有新意，可读性差。

第三，**不能证明论点**。有的案例虽然能够证明总论点，却不能证明分论点，所以在论述分论点时，我们也要注意案例是否合适。

例如，分论点是讲夫妻之间好好说话有利于增进双方的感情，案例讲述的却是夫妻之间好好说话能化解矛盾。当遇到这种情况时，我们要把不符合题意的案例找出来删掉，替换为其他合适的案例。

当我们检查了整个写作提纲且确定无误后，就可以开始写了。之前的一切准备工作都是为了在写的过程中游刃有余，效率最大化。

第 4 节　如何快速找到所需的素材

在我们的写作社群里，经常有人说自己最大的问题是无法及时找到合适的写作素材，以至于经常拖稿，或者文章内容不够饱满，感觉没有东西可写。还有人说实在没有灵感，以至于经常在电脑前坐一天也写不出来。

新媒体文章很重要的一个特点就是时效性很强，如果写作者只靠灵感进行写作，就无法保证写作的稳定性和持续性，在面对平台的约稿时，也很难及时写出对方所需要的稿件。尤其是热点新闻或事件发生时，成文速度和文章质量的重要性是持平的。所以，对于写作者来说，写作素材的积累很重要。

经验丰富、见多识广的写作者可能更具有优势，但这并不是绝对的。如果你掌握了搜集素材的技巧，也可以做到快速成文和上稿。下面我们向大家介绍几种提升素材搜索力的方法。

一、内在升级——转变思维，学会接受

在搜集和积累素材的过程中，写作者首先要做到的就是转变固有的思维和心态，学会接受不同。

很多人习惯接受自己喜欢的、愿意接受的内容，而拒绝接受那些自己不喜欢的、和自己的生活方式不一样的内容。

这容易造成人云亦云、随大流的思维方式。如果写作者无法站在客观的立场观察和思考问题，只根据自己的好恶做出评判，就容易导致自己所写的文章没有新意，也无法给读者带来不一样的感觉和价值。

学会接受不同的事物，更要学会从不同的角度看待和分析事物，只有这样我们所写的选题才不会老生常谈，可选的素材也会越来越多。

二、借助外力——掌握关键技巧，善用搜索引擎

写作没有捷径，但搜索有，下面我们介绍几种搜索的小技巧。

1. 掌握常用的搜索引擎

现在，很多人遇到问题后的第一反应就是上网搜一下。对于写作者来说，在使用搜索引擎时，不妨往后多翻几页，这样可能会查到更多不一样的内容。

除了常用的百度、谷歌外，还有很多其他搜索引擎。例如，当你打开搜狗微信的页面时，会看到左上角有很多搜索模块，因此在这个平台上搜同一个主题的素材非常方便；此外还有相关的搜索热词，可以从中看出网友最关心的话题有哪些。

另外，在查找专业的内容时，除了在搜索引擎检索，我们还可以在学术数据库检索，如知网、万方、中国国家数字图书馆等。

2. 明确搜索内容

只有搜素工具还不够，最重要的是要知道自己要找的内容是什么。此时，我们就要在明确主题的基础上，将口语化的长句、问句转变为简短的关键词，在这里我们可以运用"联系法则"。

例如，我们想找关于"说话不好听会产生哪些影响"这一主题的素材，可以先想一想在日常生活中，一提到这个主题我们会想到什么。

作为妻子，丈夫说话不好听，是不是会伤害到自己；父母说话不好听，是不是会伤害到孩子。这种"伤害"虽然不是传统意义上的"家庭暴力"，但有可能是"语言暴力"。

同样，对方说话不好听，我们也不愿意听，那么就会想到如何让对方"好好说话"。此外，为什么会出现不好好说话这一问题？可能与双方的沟通方式有关。

对这个主题进行分析并联系与此主题相关的内容后，我们的搜索词就变为"语言暴力、好好说话、如何沟通"等，这样就可以找到各种主题相似但内容不同的素材了。

在运用联系法则时，除了可以联系主题，还可以联系类型，即明确自己要找什么类型的素材。下面我们以人物类素材为例。

- 人物类别：普通人、知名人士、特殊人群等。
- 人物特点：年龄、性格、职业、成就等。

- 人物关系：家庭、同事、朋友、相关人士等。

通过这样一步一步地分析，关键词越来越清晰，搜索的范围也会逐渐缩小，同时还会节省搜索时间。

另外，当要写的文章类型确定后，我们还可以搜索相关的 App，里面会有相应的故事、问题、解答等，这些素材在写文章时也可以用。

虽然直接搜索很方便，但我们能搜到的内容别人也可以搜到，因此可能会出现素材不够新颖的情况。这也是为什么写作没有捷径，一点一滴的积累才是快速成功的秘诀。

三、保持迭代——随手记录，日常积累，建立万能素材库

与各种搜索引擎相比，写作者自己建立的素材库才是写作路上的秘密武器。

1. 记录生活

很多人认为每天的日子很平淡，并且日复一日。其实，日常生活才是一个巨大的素材库。

日本作家奥野宣之在《如何有效整理信息》一书中提到，可以通过"书写创意的生活日志建立一个'行走的素材库'"。

因此，在写文章时，我们可以根据文章的主题回忆一下自己的经历，在自己成长的过程中，有没有经历过相关的事情；有没有看过或听到身边的亲戚、朋友、邻居、同事身上发生过类似的事情……这些都是专属于你的写作素材。

从现在开始，你可以留意生活中的小确幸和小感悟，将平时看到、听到和经历过的让自己很有感触的人、事、物等随手记录下来。在之后写文章时，你可以以记录的事件为原型，根据写作主题对它们进行相应的改编。由此，生活中不以为意的小事，就可以变成文章中动人的素材。

2. 用心积累

很多时候，一提到"积累"两个字，很多人就会想到"慢""枯燥""无聊""费时费力"等类似的词。其实有时并非如此。

回想一下，你在日常生活中接触最多的是什么？家人？朋友？同事？客户？都不是，是手机。所以，接下来我们要讲的积累，就是教大家在玩手机时如何做一个"有心人"。

第一，刷微博和榜单时留心。每天的微博热搜、热点话题、各类话题榜单等，都是我们可以积累的素材。

之前有过这样一条微博：一名 14 岁的初中女生，在写作文时提到了自己的爷爷和奶奶的爱情故事，她从中得出的结论是，爱情是负责任、长久和忠诚；爸爸知道这件事后表示，女儿长大后找对象自己可以放手不管了。

如果我们看到这条引发数十万网友点赞的微博后，只是赞叹一声，那么与之相关的素材就从我们身边溜走了。

相反，如果我们留心思考一下，就能从中挖掘很多选题：婚恋观、家庭氛围的影响、父母关系对孩子的影响、择偶观、爱的能力、观察力、对孩子的信任……当我们在写以上这些选题时，就可以用这个素材。

很多时候，我们不是找不到素材，而是不愿意去思考，以至于即使看到了，也不会使用。

除了热搜榜，我们还可以关注新华网、环球网、人民日报、梨视频、头条新闻等微博号，这些微博号发布的信息有时也会成为热点。

此外，我们在刷手机时也可以看一看知乎、豆瓣、天涯等平台，留心一下其中的高赞回答，包括网友们普遍关注的问题，这些都是很好的选题和素材。

第二，看视频时细心。电视剧、电影、综艺节目、演讲视频、纪录片甚至广告等，也是写文章时可以用到的素材。

每当一部新的电影上映后，我们就会在各大网站及各大公众号上看到与之相关的文章。这和追热点是一个道理，这些文章从不同的角度对电影进行分析。

同理，平时我们在追剧时也要留意一下，随时记录自己觉得很有感触的剧情或片段，包括视频的名字、片段的具体位置等，方便日后使用时快速找到来源。

此外，电视剧、电影中人物的台词，综艺节目里嘉宾说的话，广告中的文案等，都可以当作文章的金句，甚至作为文章的标题。

3. 高效阅读

提到积累素材，一定离不开看书。对于写作来说，不管阅读哪种类型的书，都是一种很好的输入。

只要你用心且带有目的性地去阅读，同样可以快速找到自己所需要的素材。换句话说，在阅读之前，你要明确知道自己想要从书中得到什么。

当你确定好要写的选题后，就可以找相应的书籍，不管是实体书还是电子书，而且你不需要把整本书全部看完，先通过目录寻找你需要的那个观点在书中的哪个部分，然后再仔细阅读、记录与你的观点有关的事例、金句、方法论。在引用书中的内容时，不能照搬原文，必须要自己转述，最后还要注明出处。

在写一篇文章之前，如果你能多看几本同主题的书籍，那么你对即将要写的选题的理解也会更加清晰、深刻。

此外，在平时看书时，你可以在自己觉得很好的句子、故事旁边做一些标记，当之后写作需要时，翻一翻有标记的地方就可以了，不需要重新看一遍。

读完一本书后，你可以做一个简单的思维导图来记录书中的重点，这对你的总结归纳能力也是一种很好的锻炼。

最后，根据自己的习惯将积累的素材进行分类，比如生活类素材、书籍类素材、电影类素材、电视剧类素材等，并不断更新迭代，这样当你需要的时候，就可以快速找到相应的素材，而且定期整理也有助于激发写作灵感。

第三章

系统写作

第 1 节　如何取一个好标题，不当标题党

一、新媒体文章的标题到底有多重要

在我们的写作社群里，经常有一些初学写作者说："一篇文章要靠内容取胜，因此标题的好坏并不重要，文章的质量才最重要。"

的确，对于一篇文章来说，内容才是最主要的，内容的好坏直接决定了文章的转发率和传播率。但是，一篇文章的内容即使再好，如果标题取得不好，阅读量也会大打折扣。

因为现在人们每天会接触很多信息，而对新媒体文章的注意力往往很短。文章的标题是大家最先看到的内容，如果标题不吸引人，就很少有人愿意点开阅读。

例如，同样主题的文章，因为标题不同，阅读量就可能大相径庭。

标题 1：《12 年前，那个故意考 0 分的人，现在怎样了？》（文章阅读

量 10W+）

标题 2：《你还相信读书无用论吗？》（文章阅读量只有几千）

因此，标题的重要性不言而喻。所以，在写新媒体文章时，我们一定要跳出"文章内容为王，标题随便取一个"的误区，打磨标题和打磨文章同样重要。

二、取标题的四大原则

在研究了几百篇爆款文章的标题后，我们得出了取标题的四个原则。

1. 有明显的代入感

人们都有这样一种倾向：对与自己有关的事情总是格外关注，对与自己不相关的事情则不感兴趣。这种现象被称为"视网膜效应"。

例如，在办公室里，有一个同事说了一句话："听说从明天开始我们要涨工资了！"听到这句话，大部分人肯定会连忙问："真的吗？涨多少？"而如果同事是这样说的："我老公说下个月他们要涨工资了，好开心啊！"这时候我们可能只会礼貌地说一句："哦，是吗？真好。"

因此，如果标题的内容和读者息息相关，让大家不由自主地对号入座，文章的点击率自然就会上升。下面我们举几个例子。

- 《单身人士的日常：外卖、煲剧、打游戏、睡觉……》。这个标题把单身人士的日常表现得淋漓尽致，假如一个单身的人刚好看到这个标题，并且发现自己的状态就是这样的，就很有可能打开这篇文章。

- 《大城市摸爬滚打多年：没房、没车、没存款、还没有爱情……》。这个标题是很多人的真实写照，如果看到这个标题的人正在大城市辛苦打拼，肯定会打开看一看。

2. 引发共鸣，替读者发声

新媒体文章是广大群众的发声机，如果文章的标题表达了某一个群体的心声，引发了他们的共鸣，那么他们就会对文章内容感兴趣。

- 《自从结婚之后，我每天都想回到单身岁月》。对于夫妻关系或婚姻状态不满意的人来说，这个标题是他们内心最真实的写照。
- 《谁说当妈不易？错！容易老、容易丑、容易困……》。这个标题把女性当妈后的状态描绘得淋漓尽致，能够引发女性读者的共鸣。

3. 吸引眼球，引发好奇

一个好的标题一定要有"勾魂"的魔力，让读者一看到标题就忍不住想打开看看。所以，在取标题时，我们可以借助事件的特殊性，激发读者的猎奇心理。例如下面这些标题。

《从清洁工逆袭成女神，她只做了这件事》

《卧室放这个东西简直就是玩命！99%的家庭都这么做！》

《这5部电视剧你都看过，但你一定忽略了里面有意思的彩蛋》

《月薪5 000与50 000的区别就在这5张图里，看哭……》

《阿里年薪40万招广场舞大妈？我被60岁大妈打败了》

以上这些标题先给读者抛一个谜团，激发读者的好奇心，即使是与自己无关的内容可能也想看看"热闹"，满足一下自己的好奇心。

4. 给受众传递"有用"的信息

这种类型的标题主要针对有干货的文章，向读者提供实用的技巧，并且这类技巧是读者目前急需的，因此他们就会对文章的内容感兴趣，甚至会收藏或转发。例如下面这些标题。

《人人能学会的省钱攻略，让你每年省出20 000块》

《孩子拖拉、磨蹭，学习效率低？聪明的父母都这样做》

《小学生必须养成的6大好习惯，秒变学霸！》

《早上总是赖床起不来？5个易操作的小技巧让你天天早起！》

《工作效率低总是加班？6个方法让你的效率提高80%》

以上这些标题都表明文章包含满满的干货，这对有需求的读者来说就是雪中送炭。

三、取标题的七个万能公式

在了解了取标题的主要原则后，下面我们向大家介绍取标题的七个万能公式，初学写作者在写文章的时候可以直接套用。

1. 抓住流量关键词

如果你的文章标题抓住了流量关键词，就能把读者吸引过来，让标题自动引流（即引来更多的流量）。

目前，流量较大的关键词一般来自热点新闻或事件、刚上映的电影、热播电视剧和综艺节目等。例如下面这些标题。

《10 岁男孩开捷豹上高速：那些"没有规矩"的孩子后来怎样了？》

《40 名大学生被退学：千万别被"上了大学就解放"这句话骗了！》

《〈妻子的浪漫旅行〉热播：这些旅游的好去处终于藏不住啦！》

《〈小欢喜〉热播惹哭众人：和孩子相处，这 4 条原则要知道》

《〈中国机长〉票房突破 22 亿：遇事冷静到底有多重要？》

2. 巧用数字

在文章的标题中，数字拥有神奇的魔力，总会让人忍不住多看一眼，原因就是我们常说的"用数据说话"。带数据的标题让人觉得更可信，此外还给人留下一种疑惑：到底是什么情况？怎么做到的呢？在新媒体文章中，数字化的标题很受欢迎。例如下面这些标题。

《1 小时通过抖音卖货 300 万，她到底是怎么做到的？》

《一年读书 300 本，掌握这 5 大技巧，你也能做到》

《30 天甩肉 10 斤，她只做了这 3 件事》

《我研究了 165 位千万富翁，总结出 13 条"富人思维"，你身上有吗？》

《3 年知识付费，我花 10 000 元买了这 5 个教训》

3. 设置悬念

设置悬念与前文讲的引发好奇相似，但又有所不同，区别在于设置悬念是采用反问的方式抛出一个悬念，让读者看到标题后百思不得其解，迫不及待地想打开文章一探究竟。例如下面这些标题。

《那个内向的孩子，后来怎样了？》

《我为什么和那个又帅又有钱的男朋友分手？》

《3 年没做家务的女人，到底活成了什么模样？》

《5 岁男孩出口成章：会表达的孩子，未来到底有多赞？》

《为什么 7 岁男孩的一个举动震惊了整个美国？》

4. 反转对比

反转对比就是在取标题时不按照常规的思路。针对某个问题，一般我们想到的答案是 A，但标题给出的答案是 B，通过反转对比，颠覆读者的认知。例如下面这些标题。

《他每天学习到深夜，期末考试终于考了个倒数第一》

《我太好说话了，身边一个朋友也没有》

《我们在一起笑着笑着，就分手了》

《她每天坚持运动半小时，一个月后胖了 10 斤》

《我每天来得最早、走得最晚，一个月后工资被扣光》

5. 引用对话

引用对话就是用对话的形式表现文章的主题。对话形式的标题能够把读者带入具体的场景中，让读者能够身临其境，感受到其中的氛围。例如下面这些标题。

《"哈喽，我们有多久没联系了？"》

《"你看看别人家的孩子，你看看你！"》

《"好久不见！""是呀，你瘦了！"》

《"孩子小，你能别跟他一般见识吗？""不能。"》

6. 巧用人称

人称标题在新媒体文章中很常见。标题中的"我"大多数时候不是指作者自己，而是文章的主人公；标题中用"你"主要是为了拉近和读者的距离，给读者一种亲近感；标题中用第三人称主要是向读者展示信息和吸引读者。例如下面这些标题。

《我是如何一步一步把天聊死的？》

《我谁都不讨好，我只讨好我自己》

《你那么善良，肯定有很多朋友吧？》

《你以为的勤奋，只不过是假装努力》

《她身价 3 000 万，却做着月薪 3 000 的工作，为什么？》

7. 金句标题

金句标题是用简短且令人印象深刻的句子概括文章的主题，以发人深省和引发共鸣。金句标题的字数不多，但有较强的说服力。例如下面这些标题。

《你不成功，不是缺运气，而是缺恒心》

《致年轻人：别在该奋斗的年纪选择安逸！》

《最怕你什么都不敢争取，还骗自己一点都不想要》

《你不对自己残忍一点，世界怎么会善待你？》

《世界上最贵的不是"得不到"和"已失去"，而是把握当下》

标题是一篇文章的点睛之笔，也是吸引读者最主要的方式。作为初学写作者，你可以先收集自己所定位领域阅读量较高的文章的标题，并且分析这些标题的精妙之处；然后，在写文章时套用以上取标题的七个公式，细细体会不同标题的魅力。

第 2 节　用这四个切入点，让开头精彩夺目

我们读一篇文章的开头就像去一家餐厅吃饭，门面和装修决定了我们想不想留下来。因此，文章的开头决定了它能不能激发读者的阅读兴趣，让他们愿意继续看下去。

新媒体文章最大的特点是直接、快速、浅显，所以在写新媒文章

时，开头的节奏越快，就越能激发读者的阅读兴趣。在写文章的开头时，我们千万不能让读者去思考，否则他们就可能失去耐心，这也是新媒体文章与其他文章的区别。

一、初学写作者最容易入的"坑"

在初学写新媒体文章时，我们一定要避开一些"坑"，否则一旦掉进去，之后写的内容就容易失去可读性。下面我们讲一下初学写作者最容易入的"坑"。

1. "自嗨式"开头

在写开头的时候，最怕的就是"自嗨式"开头，即你觉得自己写得很不错，甚至把自己都感动哭了，但是其他人可能并不愿意读。

写作者是通过文章表达自己的情绪、情感和观点的，但对读者而言，除非你写的内容能引发他们的共鸣，否则他们对你的内心是怎样想的并不感兴趣。

作为写作者，我们不仅要站在读者的角度思考和阐述内容，同时还要注意尽量不要将自己的情绪暴露在读者面前，否则会让读者觉得你的格局很小，而且也不能把正确的价值观带给读者。

2. 啰唆的开头

一篇文章的开头最怕的就是啰唆，读者看了很久，仍不知道作者想表达的主题是什么。

因此，在写新媒体文章时，与主题相关的内容要详细写，与主题不相关的内容要直接忽略。

例如，你写自己中午出去吃饭遇到了一件事，只需要写清楚中午在哪吃、吃了什么，在吃饭的过程中遇到了什么事，从中领悟到了什么样的道理等。那些和主题没有关系的活动或事件就省略不写。

3. 不完整的开头

新媒体文章容易上手，是因为它有固定的写作模式，每个段落的结构都有章可循，连开头也是如此。新媒体文章开头的结构一般是总－分－总，具体内容包括：过渡句、事件、事件点评、名言警句或金句、点题呼应。因此，一个完整的新媒体文章的开头由以上五个部分组成。

我们以《凌晨3点，一条朋友圈刺痛无数人：人到中年，无路可退》一文的开头为例。

凌晨三点多，好友大华发了一条朋友圈：

人一缺钱，就卑微得像条狗……

定位显示的是一家医院。

大华的父亲，突发脑溢血，急需大量手术费，没有多少积蓄的他，从父亲被送进医院，就慌慌张张开始打电话借钱。

我想起晚上睡觉前，接到大华向我借钱的电话时，最后他说的那句话：

这次没办法了，可能能借的不能借的，我都得张口了。

语气里那种无可奈何和力不从心，隔着屏幕都能感觉到。

看着大华那条朋友圈，我不知道他在借钱的过程中碰到了什么，但我可以确定的是，这一场因为缺钱导致的感慨，一定饱含着太多的委屈、无奈和心酸。

想起一句话：

逼疯一个成年人，缺一次钱就够了。

缺钱能带给成年人的崩溃瞬间，真的太多太多了……

下面我们分析一下这篇文章的开头。

过渡句：凌晨三点多，好友大华发了一条朋友圈。

事件：大华的父亲生病了缺钱。

事件评价：我感受到了大华因为缺钱的无奈和压力。

名言警句或金句：逼疯一个成年人，缺一次钱就够了。

点题呼应：成年人的崩溃瞬间真的太多太多了。

这篇文章的开头结构非常完整。然而很多初学写作者往往缺少对事件的点评和点题呼应这两个部分，讲完事件马上就用名言警句或金句引入下一部分的内容。这样的话文章容易出现断层现象，无法调动读者的情绪。

对于读者而言，如果一篇文章不能在一开始就调动他们的情绪、引发他们的共鸣，那么他们读下去的欲望就会降低。

4.生搬硬套的开头

在热点新闻或事件刚出来时，很多初学写作者容易陷入生搬硬套的误区，直接把热点新闻或事件拿过来用。例如下面这则新闻。

近日，交通运输部官网发布《城市轨道交通客运组织与服务管理办法》，明确了使用电子设备时外放声音、在列车内进食（婴儿、病人除外）；随地吐痰、便溺、乱吐口香糖，乱扔果皮、纸屑等废弃物，躺卧或踩踏座席等影响运营秩序的 7 类约束性行为。

如果你在写文章时把上述新闻照搬过来放在开头，那么文章的可读性就不高；因为新闻不带感情色彩，只是简单、客观的描述。

如果你想把热点新闻或事件作为新媒体文章的开头，就需要根据自己的理解重新整理一下。

二、写开头的四个技巧

上面提到的几个"坑"就是我们在写新媒体文章的开头时要注意的事项。如果想把开头写得更加精彩，还需要掌握以下四个技巧。

1. 以热点开头

用最近发生的热点新闻或事件作为文章的开头就是以热点开头。

在写新媒体文章时，以热点新闻或事件开头是较为常见的一种方式。因为热点自带流量，可以增加文章的阅读量，所以追热点是新媒体文章的写作者每天必做的一件事。

现在，读者的阅读目的越来越直接，希望一看开头就知道发生了什么事，然后才决定是否继续阅读。以热点开头的文章开门见山，引发读者的关注，进而他们就想了解文章的内容。

2. 以故事开头

以故事开头也是新媒体文章中常见的写作方法。写作者用一个小故事或者身边发生的一件事情作为开头，像和朋友聊天一样娓娓道来，亲切且充满情感，这样读者就会更容易接受。

现在，微信公众号的日活量达到了几个亿，阅读群体也更加广泛。而以故事开头的形式会让读者倍感亲切，代入感强，如同发生在自己身上一样。

例如，文章《没有一件工作不辛苦》就属于以故事开头的写法。

累吗？累就对了。

（接着讲述了三个木匠的故事）

你要知道，并不是每一份工作都尽如人意，并不是每一份职业都能吃着火锅、龙虾还能拿高薪。

这种写法会不由自主地引发读者的共鸣。哪一份工作不辛苦呢？每个人都需要努力奋斗，创造属于自己的人生。

把故事写得有画面感和代入感，这样开头就会更加引人入胜。所谓画面感和代入感，其实就是预设一个场景，不管你写哪个角色，都要将自己预设成那个角色，试想他们在这个场景下会说出什么话、做什么事、做出什么反应。当你按照这个要求写时，就会发现自己写的场景几乎就是真实生活的重现，这样就会给读者一种很真实的感觉。

3. 以情绪推进

情绪推进也是新媒体文章常见的开头方式之一，其实以情绪推进不仅适用于写开头，在描写素材时也可以用。

以情绪推进可以让文章一开始就引发读者的强烈共鸣。那么，如何以情绪推进写好开头？我们以"婴儿哭"为例。

没有情绪推进的写法可能是这样的：

> 婴儿哭是一件很正常的事，当他哭的时候就让他哭，等他哭累了自然就不再哭了。妈妈不要急着去抱哭泣的婴儿，如果养成一哭就抱的习惯，以后受累的只能是自己。

上面一段话给人的感觉像喝一杯白开水一样寡淡无味，如果我们用情绪推进的方法写，效果是什么样的呢？下面我们改写一下。

> 婴儿大大的眼睛里含满了泪水，小嘴一撇，"哇"的一声就哭了起来。妈妈看到孩子晶莹的眼泪和委屈的模样，心立刻软了，轻轻地把孩子抱了起来，拍着他的背说道："好了好了，不哭了。"

这样一改就让内容变得很有画面感，让读者感受到人物内心的情绪波动。

所以，在写开头的时候，我们可以运用这种写作方法，以快速调动读者的情绪。

4. 以数据开头

以数据开头不如上述三种方式常见，但少见并不代表没有，只要遇到一些重要的数据公布，文章以数据开头就必不可少。

那么，哪些数据会引发广泛的讨论并成为热点话题呢？例如，每年

有关离婚和结婚的数据、疾病的数据、出生和死亡的数据等。

初学写作者运用以上四种方式，写出精彩的开头就会变得越来越容易，写起来也会更得心应手。

第3节　把握三个写作法则，写出打动人心的好故事

作为写作者，想要读者接受你的观点，甚至是支持你的观点，与洋洋洒洒地写一堆大道理相比，不如用一个小故事引发读者的共鸣，并在此基础上把你的想法和观点表达出来，这样才能更深入读者的内心。

本节我们就讲一讲，在新媒体写作中如何写出打动人心的好故事。

一、戳中情绪点，塑造影响力

我们常说的爆款文章，也就是那些让人看完忍不住点赞、留言、转发的文章，一定是其内容或故事触碰了读者的情绪。人类最基本的情绪有以下几种。

1.喜——喜悦、开心、激动等情绪

例如，你写了一篇文章，讲述爸爸带娃和妈妈带娃的区别，读者看到文中的故事或图片后忍不住哈哈大笑，自然就想转发给更多的朋友看。

2. 怒——愤怒、生气、讨厌等情绪

例如，你写了一篇有关道德绑架的文章，讲述身边的人打着"我弱我有理"的名义侵犯他人权利的故事，读者看完后会联想到自己见过或遇到过的与此类似的人或事，因此转发并留言写出自己的观点。

3. 哀——难过、悲伤、痛苦等情绪

例如，你写了一篇关于职场和家庭的文章，讲述"放下工作养不起孩子、拿起工作就抱不了孩子"的故事，读者看完后觉得就是自己生活的真实写照，不禁感叹、伤心和难过，于是通过转发到朋友圈的方式希望引起更多人的共鸣和理解。

4. 惧——害怕、焦虑、担心等情绪

例如，你写了一篇关于不要熬夜的文章，讲述那些因熬夜而身体慢慢变垮甚至猝死的故事，读者看完后就会想到自己的生活现状，为了提醒自己和身边的亲朋好友不再熬夜，于是转发了这篇文章。

上面提到的这四种情绪是人类最基本的情绪，也是我们在写文章时首先要考虑的。

所谓引发读者的共鸣，就是指你写的内容或故事触动了读者，唤起或调动了读者的一种或多种情绪。读者的情绪被唤起的越多，对他们的刺激就越大，文章的内容或故事也就越成功。

二、扣主题，有条理，加细节

1. 以主题为重，拒绝假大空

与故事写得好不好相比，故事是否适合文章的主题更重要。也就是说，在下笔之前你要想清楚为什么写这个故事。

第一，故事是否与主题相关。选择故事时首先要考虑的就是它与文章的主题是否有关。

在我们的写作社群里，有一位写作者在写一篇关于提升表达力的文章时，在方法论部分写道："父母要为孩子创造表达的机会。"

但他讲的故事是：一个小男孩当着很多人的面朗读了一封自己写给消防员爸爸的信，读完信后，男孩的爸爸及其战友的眼眶都红了。

作者认为，这个小男孩通过演讲表达出了对父亲的爱，所以在生活中我们也要给孩子创造类似的表达机会。

乍一看，好像没什么问题，但我们仔细分析一下会发现，"父母要为孩子创造表达的机会"和"小男孩当着很多人的面读信"之间真的有关系吗？

前者表达的重点是父母如何主动创造机会，锻炼孩子的表达能力；而后者表达的重点却是孩子主动表达爱，让父母很感动。

所以，当你想通过某个故事引出或论证某个观点时，一定要仔细分析一下你选择的故事与文章的主题是否有关。你是通过故事自然而然地引出文章的主题，还是你感觉二者之间有一点关系，就生拉硬扯地从故事中引出文章的主题？

第二，故事是否有撑起主题的力量。之前有一位写作者将自己写的一篇以"说到做到"为主题的文章发给我们，让我们帮忙把把关。这篇文章采用的是递进式结构，基本内容如下。

① 第一部分是说到做到很重要。作者通过写一个明星小时候其父母没有说到做到，以至于成年后他不断地买当年父母没给自己买的那件东西。通过这个故事，作者引出"父母能否说到做到，会对孩子造成很大的影响"这一观点。

② 第二部分是说到做不到的负面影响。作者写一个小男孩因为妈妈经常食言，所以不听管教的故事。以此引出"父母说到做不到，会把孩子越推越远"这一观点。

③ 第三部分是说到做到的正面影响。作者写了一位成功的商业人士如何在孩子面前说到做到，最终孩子深受影响并走向成功的故事。以此引出"父母什么样，孩子也会什么样"这一观点。

④ 第四部分是方法论——如何对待自己的承诺。作者分别列举了几对不同职业、不同背景的父母，在日常生活中是如何实现自己对孩子说过的话，以此告诉读者应该怎么做。

从整体上看，这篇文章好像并没有大问题。我们仔细分析后发现，第一部分和第三部分的故事都有足够的力量撑起文章的主题，读者看完后会觉得原来"说到做到"这件小事居然这么重要；但是第二部分的故事的力量就有点弱，读者看完后会觉得，说到做不到的后果就是孩子不听话而已，就导致前面铺垫的痛苦情绪一下子就消失了。

因此，一个好故事不仅要与主题有关，更重要的是要有撑起文章主题的力量。

第三，故事是否打动你。要想让自己写的故事激发读者的情绪，前提就是这个故事必须能激发写作者的情绪，并且关注激发自己情绪的关键点在哪里。

一位写作者在写一篇以"发朋友圈不要屏蔽父母"为主题的文章时，写了以下几个故事：

①《奇葩说》里以此为辩题时大家的看法；

② 父母评论孩子的朋友圈很搞笑；

③ 年轻人看到父母的评论很无奈；

④ 父母看不到孩子的朋友圈很难过。

从上述结构中我们会发现，作者的逻辑比较混乱，好像他也不知道发朋友圈要不要屏蔽父母。

后来我们问他："你一开始为什么想写这个主题？"

他说因为自己凌晨发了一条朋友圈，妈妈的评论让他觉得很好笑。然后，他想起平时朋友们总是吐槽父母的各种奇葩评论，于是想就此写一篇文章。

接着我们问他："那最打动你的是父母的搞笑评论，还是父母看不到孩子朋友圈时的难过？"

经过这样一分析，他当即就明白他要写一篇以"父母的搞笑评论"为主题的文章。

记住，你写的东西，只有先打动你，才有可能打动其他人。

2. 叙事清晰、有条理

我们不仅在写文章时要有结构意识，在写故事时也要有结构意识，即开端 – 经过 – 结果。我们也可以根据文章的需要，把故事的结局或某个重要、突出的片段提到前边，然后再从故事的开端进行叙述。

在新媒体写作中，常见的故事写作要素如下。

第一，开头。故事的结果：谁 + 怎么样（一句话简述）+ 故事的起因（包括时间、地点等要素）。

第二，经过。人物表现：谁 + 做了什么 + 怎么做的；主要写一些转折、突发、重点、矛盾、特殊事件等。引发的人物表现：谁 + 又做了什么 + 怎么做的。

第三，结果。最终的结果。最后的解决方法 + 结果。

在大结构不变的情况下，具体要写哪几个要素，写作者可以根据文章的需要及篇幅的长短进行调整。

总之，要让读者明白你写的故事的主角是谁、做了什么事，以及你写这件事情的意义是什么。

3. 刻画细节，让人身临其境

常言道："细节决定成败。"做人、做事如此，写文章也是如此。

那些打动我们的文章，从来不是作者直接写出"高兴、难过、痛苦、害怕"等词语，而是我们情不自禁地将自己代入作者描写的细节中，从而引发了情感上的共鸣。

所以，在写故事时，我们要注意细节的描写，让故事更真实、动人。细节描写主要包括以下几种。

（1）动作细节描写

例如，《当孩子说"妈妈，我想要玩具"，你的做法影响他一生的幸福》一文中有如下描述。

妈妈突然站起身，一把拉起孩子，将他往前拽。

被妈妈拉着向前拽的孩子，依然抱着玩具。妈妈转身走了。这时，孩子立马放下玩具，疯了一样跑出去追上妈妈，用小手死死地拽住妈妈的衣角不甘心地哭泣。

妈妈却一把扯开孩子的手，愤怒地说："别拉我，我不管你了。"

这个故事片段是描写一位妈妈不想给孩子买玩具的场景，这些动作细节的描写可以将读者带入真实的场景中，比直接写"妈妈很生气，怎么都不愿意给孩子买玩具，孩子难过地一直哭"更能让读者体会到妈妈和孩子的情绪。

所以，如果你写的故事重点在于想突出人物是怎么样做某件事情的，就可以在故事中加入动作细节描写。

（2）表情细节描写

例如，在《越难熬的时候，越要靠自己》一文中，作者讲到自己处于人生的低谷时，咬牙为孩子买了一个小蛋糕，结果两岁的孩子一不小心把蛋糕掉到了地上。那一刻，作者写道：

我像头凶猛的野兽一样想要发火，看着我的样子，家人根本不理解，他们觉得为了一个小蛋糕至于吗。看着孩子惊恐的眼神，所有的脾气都化作一缕云烟，我陷入深深的自责。

其中的表情细节描写，让读者可以深切地感受到作者及其家人的情绪变化。相反，如果作者只写"看到这一幕时，我非常生气，想要发火，然后又陷入自责"，那么就无法真正戳中读者的痛点。

如果你在写故事时想重点突出人物遇到某件事情的反应，就可以加入适当的表情细节描写。

（3）语言细节描写

这里的语言指的是人物对话。例如，你想写丈夫嫌妻子唠叨的故事，有两种描写方式：

① 妻子刚念叨一句，丈夫就皱着眉头，一副不爱听的样子。
② 妻子刚念叨一句，丈夫就皱着眉头大吼："怎么那么多事儿！"

这样一对比我们可以发现，第二种方式给人带来的冲击力会更强烈。

在新媒体写作中，直接的语言描写并不多，但在关键的地方插入对话，故事就会变得丰满、立体。

（4）数字细节描写

例如，你想写一篇以"自律"为主题的文章，如果就写一句"C罗非常自律，所以他的球技一直保持很高的水准"，读者看不出C罗究竟有多自律。

如果你在故事中加入"C罗的实际年龄是33岁，但体格却保持在

24 岁""体检结果显示，15 年来，C 罗的体脂率都保持在 7%，而球员的平均体脂率是 11%"。读者看到这样的数字对比，就会感到很震撼，进而体会到自律的好处。

因此，如果我们能查到比较准确的数据，就可以在故事里加入数据，给读者一种更直观的感受。

除了上面提到的几个细节描写，在写故事时我们还要注意环境、人物的外貌和心理、周围的声音等。具体以哪种细节描写为主，要视情况而定，不能贪多，以免故事失去了重点。

三、有详有略，有轻有重

1. 详略得当

故事是为主题服务的，因此在写故事时，我们要学会取舍，把能表明自己观点和调动读者情绪的部分写出来就好。

例如，我们想写一篇以格局为主题的文章，那么对于因为格局不同而做出不同行为和不同格局带来不同的结果就要详细写；至于我们是怎么认识这些人的、在日常生活中如何与他们相处，就可以略写甚至不写。

总之，在把事情交代清楚的前提下，一定要有选择地组织文字。

2. 重情节轻情绪

正如前文中讲到的，在写作中最忌讳的就是"自嗨式"写作，即作者在写故事时过多地代入个人的情绪，逐渐变得自说自话，而不管读者想不想看。

例如，我们想写一篇以"丈夫缺位"为主题的文章，那么就要着重描写丈夫缺位的具体表现和丈夫缺位给家庭带来的各种影响。

如果我们只顾吐槽男性婚后不做家务、不照顾孩子、婆婆无动于衷、孩子可怜等内容，将自己的情绪全部发泄出来，就不会有人愿意阅读，因为没有人愿意听别人诉苦。

在写故事时，我们可以加一些描写情绪的细节，以引发读者的共鸣，但切忌情绪盖过情节的情况。

第4节 如何写好结尾，提升文章转发率

很多初学写作者认为，一篇文章最重要的是写好文章的开头和正文的主要内容，而忽略了结尾的重要性。

写好结尾并不是一件简单的事情，为了不走弯路，我们先讲一讲写结尾最容易陷入的三大误区。

一、写结尾的三大误区

1. 前后矛盾

在写文章时，初学写作者很容易陷入"前后矛盾"的误区。

我们曾经看过这样一篇文章，文章主题写的是姥姥带娃，但结尾写的却是爷爷爱孙子和爸爸爱儿子，最后却对妈妈说一声：妈，辛苦了。

这就是典型的前后矛盾。

因此，在写作时我们一定要避免与主题无关的、硬凑字数的结尾。

2. 空话连篇

有些初学写作者认为，结尾一定要写很多的理论和感悟。事实上，空话连篇的结尾会让人觉得食之无味、寡淡无趣。

例如，有一篇文章的结尾如下。

己所不欲勿施于人的道理大家都懂。自己不愿意进步和成长的夫妻，就不要把期待和幻想压在对方身上。

我们的一生不是各自的期待，对对方越是期待，他们就越有压力，越是不知道自己该怎么做。

家庭是一个整体，而夫妻又分别是独立的个体，比起把责任和担当推给对方，不如双方一起努力扛过去，把对方当成一个独立的个体，平等地对待彼此的成长。

这个结尾就空话连篇，下面我们修改一下这个结尾。

己所不欲勿施于人的道理大家都懂，但做起来真的很难。然而，没有期待的婚姻不是好的婚姻，彼此尊重、彼此成长才能相扶到老。

开一次家庭会议，沟通解决问题；

给对方一个拥抱，用爱化解误会；

婚姻永远有仪式感，再争吵也不要说分手。

这才是真正平等的家庭生活。

修改后的结尾，空话少了，具体的方法也有了，而且不会引起读者的反感。

3. 拖泥带水

写作者总担心道理没有讲完，写完还想再加几句，这样的结尾就显得赘余。

每个人的时间都很珍贵，一般人阅读一篇新媒体文章的平均时间为 3 分钟，超出这个时间读者就可能会弃文，所以结尾太长会影响读者的阅读体验。

我们在写文章的时候一定要注意，能用 5 个字写完的，绝不要 6 个字，真正好的、有深度的结尾的字数并不多。

二、如何写好结尾

如何才能写好结尾呢？下面我们介绍四种写好结尾的方法。

1. 首尾呼应式结尾

文章的开头写了什么内容，最好结尾再一次点题，呼应一下开头。

例如，《〈白鹿原〉：什么样的女人，才能过好这一生》一文的开头如下。

如果说人生是一场无法抗拒的前进，那么自由就是独立、不依附、不恐惧。唯有拥有独立自主的女人，才能摆脱历史承载在她们身上的枷锁，成为一个健全和自由的人。

在结尾作者做了如下呼应。

作为女人，一定要让自己有过好日子的能力。不牵绊，不依附，不将就，这样的你定然动人。

没有谁能成为你今生的避风港，你自己才是自己最后的庇护所，独立也许很累，但是不独立更累。

愿你能拥有自己独立的人格，一个人也能活成一支队伍，无所畏惧。

从上述例子中我们可以看出，这篇文章是完整且有感染力的。在新媒体时代，读者的阅读习惯要求文章在结尾时要强调一下主题，呼应开头，以加深读者的印象。

一般来说，首尾呼应式结尾需要一个关键词过渡一下，如"如前所述""如开头发生的一幕"等。

2. 名言警句式结尾

用名言警句作为结尾，能够起到强化主题的效果。例如，之前羽毛写的一篇文章就用名言作为结尾。这篇文章写的是男女平等，男性应该尊重女性，这才是对孩子的爱护和保护，也体现出男性对家庭的责任和担当。在这篇文章的结尾，羽毛用了法国文学家波伏娃的一句话来概括和点题。

我们不是天生就是女人，而是变成女人的；而男人，也不是天生就是男人的，而是变成男人的，既然都是物竞天择，凭什么要被人看不起！

这个结尾强化了文章的主题：生而为哪种性别的人是物竞天择的

结果，并非天生就拥有的一种优越感，大家都是人，凭什么要被人看不起。

3. 温情脉脉式结尾

什么是温情脉脉式结尾？例如，作者在正文中写了很多消极、吐槽的话，最后的结尾可以转折一下以点题。

例如，在《陪写作业气到脑梗，放学后的深夜，让每个"80后"命悬一线》一文中，作者一直吐槽陪孩子写作业是一个"高危"职业，因此得脑梗、心梗的概率大大上升。但即使如此，孩子的成绩也没有进步。但在结尾，作者温情地告诉父母：

> 有时候想明白了，即使老母亲的血槽空空如也，蓦然回首，娃还在淡定捏橡皮……罢了罢了，心中默念：自己亲生的，亲生的，亲生的！自己生的娃，哭着也要陪完！

这类结尾适合前面阅读起来比较压抑的文章，因此结尾给人以希望。

4. 画龙点睛式结尾

我们可以在文章的结尾用简洁的语言升华主题，起到画龙点睛的作用。

例如，在《被语言暴力毁掉的中国孩子》一文中，一木用的就是画龙点睛式的结尾。

> 话里有温暖、一举一动都是爱的家，才是父母给孩子最好的成长礼物。

　　这句话就告诉父母，我们对孩子说话要温暖、有爱，这关系到孩子的未来。在这个世界上他们是独一无二的，不管他们是否有成就，都是我们的孩子。

　　作为写作者，我们要记住，不管用哪种方式结尾，都要求文章的逻辑清晰，内容有力度和深度。

　　文章代表的是写作者的格局和三观，它们会通过字里行间传递给读者，而文章的结尾更容易将写作者的格局和三观传递给读者。

第四章

写作精进

第1节　写好人物的三个诀窍，让读者更有代入感

人物描写看起来简单，但真正写起来并不容易。作为写作者，要想真正提高自己的写作能力，最好的方法就是从外吸收、由内消化。

要想将人物描写得更加到位，就需要我们仔细观察自己和他人的言谈举止并记录下来，再根据人物的性格特征、年龄大小等设定场景，然后再设定写法。

一、关于人物描写

人物描写是将人物的外表、性格、心理、行为、动作等用恰当的文字表达出来，让读者对作者所刻画的人物形象印象深刻。

尽管新媒体文章不要求写作者把人物刻画得细致入微、淋漓尽致，但一篇文章是否生动和具有可读性，很大程度上取决于作者能否在篇幅有限的情况下，用寥寥几笔将人物的性格特点刻画出来。

例如,《中国大爷惊呆外国网友,获赞 1 000 万:一辈子专注一件事情,有多酷? 》一文有如下描写。

一位头发花白的爷爷,拿着一整块木头,经过了锯、刨、磨、钻、凿、抠等复杂工序,制作了一把 2 600 年前的鲁班凳。整个过程没有用到任何一个钉子、胶水或者金属,但是这把凳子却可以任意折叠,看呆了很多网友。

例如,《周冬雨、易烊千玺〈少年的你〉爆红:即使身在阴沟,也要学会仰望星空》一文有如下描写。

他走路的姿势、眼神里的倔强、偶尔流露的一丝温柔,分明就是那个从小颠沛流离,被生活磨砺出了一身硬壳,心底却依然柔软的小北。

这两个例子都只用了几句话和几个形容词就把人物刻画得入木三分。这些看上去并不细腻的描写,其实就是新媒体文章中人物描写的特点,即用最少的字和词刻画出生动的人物形象。

二、观察入微才能写好人物

要想写好人物,首先要仔细观察。例如,你要写 1 岁宝宝的哭声,那就要找到 1 岁左右的宝宝,听听他们在不同情形下的哭声是怎么样的:是撕心裂肺的哭,还是哭一下、哼一下,还是先小声哭后大声哭且哭声中仿佛夹杂了什么情感。

初学写作者可以先将自己写的文章给身边的人看一看,如果他们读完后能感觉到你想要表达的情绪，那么你的人物刻画就成功了。

在新媒体时代，大多数人开始习惯从电子设备上获取信息。对于一篇文章，他们没有时间和耐心看具体的描写，这就要求我们在写文章时要详略得当。也就是说，与事件和主题相关的人物描写要多着一点墨，不需要交代的或读者不感兴趣的内容，统统删掉。

三、描写人物的方法

下面我们讲一讲描写人物的两种主要方法。

1. 正面描写

正面描写是指对人物的外貌、言语、行为、心理等方面进行直接的描述。

例如，在《宋慧乔离婚的第 112 天，女王归来：女人最好的活法就是……》一义中有如下描写。

她不再眨着我们印象中韩剧女主小鹿斑比般无辜的眼神，取而代之的是凌厉又魅惑的双瞳，无不野心昭昭地向我们宣告：

女王终于归来。

……

离婚后的马伊琍，每每亮相公众场合的时候，都是一头飞扬利落的短发，和脸上明晃晃的洒脱笑容。

"无辜的眼神""凌厉又魅惑的双瞳""野心昭昭""一头飞扬利落的短发""脸上明晃晃的洒脱笑容"都属于正面描写，能让读者直观地感受到人物的外貌、神情、行为举止等。

作为写作者，最重要的是在日常生活中仔细观察和体会，把自己想到的先一股脑地写出来，然后再慢慢调整、删减和优化。

2. 侧面烘托

正面描写是平直的，只需要按照情节的发展、情境的变化，写出人物的外貌、神情、行为举止即可。

侧面烘托则通过他人的评价、相关联的事物和人物的反应等描写人物，让文中的人物更加生动、具体和饱满。例如，下面几个例子就是通过侧面烘托的方式描写人物的。

① 在夜深人静的夜晚，整片天空都回响着她的怒吼。

② 以前还有人问："你家小仙女昨天怎么了？"后来人家都不问了，习惯了。

③ 她捂着耳朵，关上卧室的门，也堵不住老公的怒吼……

此外，在描写人物时，我们不能只拘于正面或侧面，最好二者结合起来，权重相当。

第2节　如何写出金句，让人眼前一亮

什么是金句？简单来说，金句就是让人印象十分深刻的句子。金句一般字数不多，但作用很强大，极易引起读者的共鸣。

我们把常见的金句分为以下几种。

1. 扎心型金句

- 世界上只有一种病，那就是穷病。（出自《我不是药神》）
- 有些笑容背后是紧咬牙关的灵魂。（出自《看见》）

2. 温暖型金句

- 草在结它的种子，风在摇它的叶子。我们站着不说话，就十分美好。（出自《门前》）
- 醒来觉得甚是爱你。（出自《朱生豪情书》）

3. 鼓励型金句

- 放弃不难，但坚持一定很酷。（出自《解忧杂货店》）
- 既然选择了远方，便只顾风雨兼程。（出自《热爱生命》）
- 当你真心想要去做成一件事的时候，整个宇宙都会联合起来帮助你。（出自《牧羊人的奇幻之旅》）

4. 道理型金句

- 每逢你想要批评任何人的时候，你就记住，这个世界上所有的人，并不是个个都有过你拥有的那些优越条件。（出自《了

不起的盖茨比》)

- 自己不倒，啥都能过去；自己倒了，谁也扶不起你。(出自
  《姥姥语录》)

由此可见，金句就是短小又精悍的句子，让人一下子就能记住，甚至会念念不忘。

很多初学写作者觉得自己的语言太普通，也没有深度，要想写出让人一看就能记住的金句对他们来说很困难。本节我们要讲的就是如何写出让人眼前一亮的金句。

一、直接引用——学会借力，升华主题

在刚开始学习写作时，你不妨直接引用他人的金句，给自己的文章增加亮点。

在写励志类文章时，你可以直接引用王小波的《黄金时代》里的一句话：

人的一生，可以自己选择的事情非常少。我们没法选择怎么生、怎么死，但我们可以选择怎么爱、怎么活。

在写职场类文章时，你可以直接引用马云说过的一句话：

机会永远在危险之中，当所有人都倒下了，你还能半跪着，机会就是你的。

在写婚姻类文章时，你可以直接引用卡耐基说过的一句话：

多数男人总是忽略在日常的小事上的体贴，他们不知道，爱的失去，全在于那些小小的地方。

在写亲子类文章时，你可以直接引用教育家蒙台梭利说过的一句话：

我们对儿童所做的一切，都会开花结果。不仅影响他的一生，也决定他的一生。

当然，具体引用什么名言要看文章的主题，千万不能与文章内容脱节，否则就会显得多余又突兀。

直接引用名言的好处，一是能让初学写作者在短时间内学会如何升华主题；二是增强文章的说服力。那么，如何找到合适的名言作为文章中的金句呢？

1. 国内外名人名言集锦

你可以准备几本名言集，如《世界名人名言金典》，其中包括了情感、生活、成长、教育、成功等不同类别的名人名言。在写文章时，你可以根据主题直接翻到对应的章节查找。

2. 积累书中的金句

平时看书时，你可以把书中的金句或作者引用的金句等，根据不同的主题收录在自己的素材库里，需要时再去素材库中寻找。

3. 积累各类视频中的名句

在看视频时，你可以把经典的台词、文案，包括名人说的触动人心的话记录在素材库里。

但要注意一点，既然是引用，就必须标明出处。如果实在找不到来源，你可以进行模糊处理，如"之前看到过这样一句话""谁曾经说过"或"有人曾说"，否则就有抄袭的嫌疑。

二、金句仿写——重新演绎，诠释新义

除了直接引用，我们可以对一些名人名言重新进行编辑，并加上自己的思考，让句子拥有另一种含义。

在电影《大话西游》中有一句经典台词："不戴金箍，如何救你？戴了金箍，如何爱你？"之前有一篇亲子类文章特别火，里面有一句话就是在这句台词的基础上进行了重新演绎："放下工作，养不起你；拿起工作，陪不了你。"

所以，作为初学写作者，如果你暂时不能写出让人眼前一亮的金句，就可以采用金句仿写的方式为自己的文章增加亮点。要想熟练掌握这个方法，可以在平时多做一些仿写的小练习。

例如，在电视剧《请回答1988》里，有一句非常经典的台词：

懂事的孩子，只是不撒娇罢了，只是适应了环境做懂事的孩子，适应了别人错把他当成大人的眼神。懂事的孩子，也只是孩子而已。

如果让你仿照上面的台词，写一句适合放在亲子类文章中的金句，

你会怎么写呢?

首先，我们可以换一下主语前面的形容词，这样进行改写：

叛逆的孩子，只是不懂表达罢了，只是习惯了用叛逆的行为吸引家长目光的孩子，习惯了这种以微弱的力量为自己抗争的方式。叛逆的孩子，也只是个孩子而已。

或者：

爱发脾气的孩子，只是不懂得情绪管理罢了，只是习惯了在暴躁的环境中成长，习惯了用自己的方式告诉父母自己的想法。爱发脾气的孩子，也只是坏脾气父母的一面镜子而已。

当然，我们还可以把主语换成爸爸或者妈妈。

强势的妈妈，只是不懂温柔地表达爱罢了，只是习惯了冲锋陷阵，适应了别人眼中她是金刚不坏之躯。强势的妈妈，内心也只是个弱小的女孩而已。

因此，在写文章时，你可以根据文章的主题，仿写一些名人名言或者经典语句。

三、分析技巧——套用模板，写出精华

很多金句读起来朗朗上口，在写文章时，我们可以根据金句常用的句式特点，把自己写出来的长句改成读起来押韵的短句。金句一般有

以下几种结构。

1. 对比

句子的前后部分有差异明显的词语，给人以视觉上的冲击。

生活在阴沟里，依然有仰望星空的权利。（出自王尔德）

2. 转折

如果前半句为因，后半句为果，那么结果一定要出人意料。

我用尽了全力，过着平凡的一生。（出自《月亮与六便士》）

3. 反复

在句子中重复使用某个字或词语，以加深读者的印象。

我来不及认真地年轻，待明白过来时，只能选择认真地老去。（出自三毛）

4. 排比

连用 3 个及以上结构相同的短语或句子以加强语势和深化句子的含义。

保持身体健康的唯一办法，就是吃点你不想吃的，喝点你不想喝的，以及做点你不愿做的事情。（出自马克·吐温）

虽然金句很重要，但在精不在多，在一篇文章中，每一部分有一两句金句就可以了，起到画龙点睛的作用。如果金句与金句之间也没有过渡句，这种情况就属于名言警句或金句的堆砌。

至于是把金句放在开头，用来吸引读者的注意；还是放在中间，当作过渡亮点；或是结合故事，引发读者的共鸣；抑或放在结尾，促使读者主动转发，完全由写作者自己掌控，但要注意整篇文章的层次感，保证读者在阅读文章时的舒适度。

第 3 节　好稿子是改出来的

常言道，好文章不是写出来，而是改出来的。

曹雪芹写《红楼梦》时，批阅十载，增删五次，就如他自己所说，"字字看来都是血，十年辛苦不寻常"。钱钟书写《围城》时，也是多次修改，无论是典故、修辞手法、结构调整，还是外语的音译等，内容变动多达上千处。

对于写作者来说，写完初稿后，一定要沉下心来反复打磨文稿，只有这样才能交出一篇好作品，这既是对自己负责，也是对读者负责。

正如列夫·托尔斯泰所说："不要急于写作，不要讨厌修改，而要把同一篇东西改写十遍、二十遍。"

十分的文章，三分靠写，七分靠改。尤其对于初学写作者而言，修改初稿时既要将全部的注意力集中在自己的文章上，又要以专业审稿人的眼光对自己创作的内容进行审核，再以作者的身份进行相应的修改。更重要的是，还要站在读者的立场去感受文章内容的好与坏。

这样的循环往复是对写作者的考验，也是对写作能力的锻炼与精进。本节我们就讲一讲如何修改初稿，以打磨出一篇精品文章。

一、结构

1. 整体结构

初稿完成后，首先我们要检查的是文章的结构。

虽然在写作之前我们已经列好了大纲，但很多初学写作者在实际写作的过程中容易出现临时发挥的现象，以致初稿与当初的提纲千差万别。

结合本书第二章讲述的内容，我们需要再细读一遍自己写的文章，看一下文章的整体结构是否存在以下问题。

- 是否突出且只突出一个主题？
- 并列式结构的分论点是否有交叉或重复？
- 递进式结构的原因 / 危害 / 意义部分的分析是否深入或重复？
- 递进式结构的方法论是否重复和具有实操性？
- 文章的内容结构是否需要调整，即每一部分的逻辑顺序是否有问题？

2. 部分结构

检查完文章的整体结构后，我们还要对每一部分的结构进行检查。

- 是否有适量的素材、案例？

- 案例的前后是否有相应的总结内容？

- 每一部分是否有写作者的观点？

- 每一部分的开头及结尾是否有衔接、过渡或总结的内容？

- 是否有金句、专业理论、研究数据作为支撑？

在初步排查时，我们要注意文章中是否有以上五点，如果没有，就要及时加上。

二、内容

在调整完文章的整体结构后，就要对文章的具体内容进行修改。

1. 素材

在检查文章中的素材时，我们要注意以下几点。

第一，新旧程度。对于新媒体写作来说，即使是结合热点新闻或事件的文章，最终也要落在常规选题上。所以，除了文章开头的素材是新的，很多人在写后面的内容时，难免会用到别人写过的案例。

这里的新旧程度是指这个素材是不是经常出现在各类文章中，如果读者经常看到这个案例，你再"炒冷饭"就没有什么意义了。

第二，是否紧扣主题。很多时候，我们选择的素材看起来和主题有关，但真正放在文章中，并没有着重写与主题有关的内容。所以在检查文章的内容时，我们要着重看一下自己描写的素材能不能自然而然地引出主题，并要将与主题无关的描写删掉。

第三，**类型配比**。一篇文章中所用的素材类型不要过于单一，也就是说，身边的案例、名人的案例、新闻/微博等网络上的案例、书中/视频里的案例等，最好交叉呈现。

2. 论述

在检查文章中的论述时，也有几点需要我们注意。

第一，**素材前后的论述**。在呈现完素材后要有相应的总结，让读者知道你为什么用这个素材。最重要的是，无论是评价还是总结都要结合主题并站在读者的角度表述，尽量避免用"我认为""我觉得"这样的字眼。

第二，**素材、段落之间的论述**。在一篇文章中，如果素材与素材之间没有论述作为过渡，就会变成素材的堆砌；段落与段落之间如果没有承上启下的过渡句，就容易给人一种东一榔头西一棒的感觉，读者会认为作者想到哪儿就写到哪儿，毫无逻辑。

第三，**结尾部分的论述**。"文章没有结尾"看起来像一句笑话，但这恰恰是很多初学写作者容易入的"坑"。例如，很多写作者在写完最后一个方法论后，文章就结束了。所以，我们一定要注意检查自己写的文章有没有结尾，有没有对整篇文章进行总结，并通过结尾的论述对文章的主题再次进行升华。

3. 语言

这里的语言指的是文章中的字、词、句，我们需要注意以下几点。

第一，**多字、漏字、错别字**。在写完文章后，我们一定要自己大声朗读几遍。在读的过程中，我们会发现文章中的多字、漏字和错别字等。

第二，病句。在写新媒体文章时，我们常常会很随意，以至于忽略了句子的成分，造成病句频出。

虽然读者可能不会认真思考一篇文章背后的逻辑、结构等，但写作者的文字水平却能给他们留下一个最直观的印象。

针对这一点，大家可以在阅读文学名著、名人佳作时，学习一下他人的写作方式。当然，多写多练才是硬道理。

三、标题

在对初稿的内容部分修改完后，我们还要重点关注一下文章的标题。

1. 大标题

标题的重要性不言而喻，取标题的方法我们在之前的章节中已经讲过。现在，我们写完文章后回过头来优化标题，最重要的是看一看当初定下的标题与后来所写的内容是否相符。

在写作的过程中，经常会出现内容产生偏差的现象。如果出现这种情况，并且文章的整体内容没有问题，我们可以重新改一下标题。

在修改文章阶段，我们可以多取几个不同类型的标题，发给朋友或家人投票；或者结合文章的主题和内容，与他们聊一聊，在交流中激发不一样的火花，以保证最后的标题既与众不同，又与文章的内容相契合。

例如，在我们的写作社群里，有一位写作者将初稿的题目定为

《妈妈带儿子看心理医生，原来"有病"的是自己：过度约束，只会让孩子离你越来越远》。

由于题目中直接将"过度约束"这一主题写了出来，读者看到标题就知道文章的主要内容，点进去阅读的欲望也就没有了。

所以，结合这篇文章的内容，我们对这个标题进行了优化，改为《妈妈带儿子看心理医生，结果发现有病的是自己：这个育儿知识点，99%的家长都忘了》。

这样一来，读者就会感到好奇：为什么这个妈妈要带儿子去看心理医生？这个重要的育儿知识点究竟是什么？我是不是99%的家长之一呢？

虽然只是一个很小的修改，却瞬间激发了读者的好奇心，让读者一看到题目就想点进去看一看具体的内容。

2. 小标题

为了让读者在阅读文章时能够更加清晰地知道写作者想要表达的内容，我们最好每一部分都取一个小标题，对本部分的内容进行总结。

因此，新媒体文章的内容一般会分为几个部分，每一部分都有一个小标题，每一部分的内容在阐述小标题的同时，完成对整篇文章主题的阐述和升华。

例如，一木所写的《"离婚后，还是觉得前妻好"：好的婚姻，男人一定会做这3件事》一文，就分为4个部分。

引入部分：通过一个热点新闻告诉大家，为什么会说"离婚后，还是觉得前妻好"，同时引出整篇文章的主题——好的婚姻，一定是丈夫学会用心珍惜；至于如何珍惜，就是接下来要讲的内容，也就是一定要会做的3件事。

01 部分：看见妻子的付出，是婚姻幸福的前提。

02 部分：包容而非指责，是夫妻关系的润滑剂。

03 部分：承担生活的琐碎，是男人最高级的魅力。

在修改初稿阶段，不管是取小标题还是优化小标题，都要注意小标题要相互独立且完全穷尽。下面我们举两个满足这一要求的例子。

《"普通人努力还有什么意义？"这是我听过最好的回答》一文的小标题如下。

① 努力是为了让家人过上更好的生活。

② 努力是为了更开阔的视野。

③ 努力是唯一翻盘的机会。

④ 努力是为了实现相对的自由。

《这三种父母，最容易把孩子养成仇人》一文的小标题如下。

① 溺爱孩子的父母，是破坏亲子关系的毒药。

② 喜欢说教的父母，是破坏亲子关系的杀手。

③ 情绪不稳定的父母，是破坏亲子关系的根源。

四、排版

1. 字数

一篇新媒体文章的字数在 2 500 字左右，一般不超过 3 000 字，这是为了让读者有一个良好的阅读体验，也是很多公众号最基本的要求。

结合文章的总体字数，我们可以倒推出一篇文章的每一部分的大概字数。

如果是并列式结构，即"引入部分 +3 个分论点 + 结尾"的结构，那么每一部分的字数大概是 500 字（引入部分）+600 字 × 3（3 个分论点）+200 字（结尾）；其中，素材描写 300 字左右，观点论述部分 100 字左右，金句 / 数据分析 / 专业理论等 100 字左右；如果是递进式结构，方法论部分的案例描述则要控制在 150 字左右。

当然，具体情况具体对待，提前计划好各个部分的字数，可以提升读者的阅读体验，同时也能避免初学写作者把握不好字数，出现语言不够精练又未突出文章主题的情况。

2. 排版

这里所讲的排版是指我们写完文章后，对 Word 文档进行的简单排版。

标题要加粗，字号一般是二号或三号，即比正文的字号大一些；标题下面是你的名字或笔名。正文一般用小四号字，宋体，1.5 倍行间距，段后空一行。

读者主要是在手机上浏览新媒体文章，为了保证阅读体验，现在公众号上的文章的排版段首都顶格排，所以我们在写新媒体文章时，无需段前空两个字符。

　　一篇新媒体文章一般分为 3~5 部分，每一部分的前面一般会加上 01、02、03、04 等。如果有小标题，就把小标题放在数字序号的后面。同时，每一部分要分好段落，每一段有 3~5 行，这样既方便阅读，又方便后期排版。

第二部分

分类进阶

第五章

情感类文章的写作

新媒体文章分为情感类、励志类、职场类、亲子类等各种类型，从本章开始，我们逐一解析这几类文章的写作技巧。

要想写好情感类文章（以下简称"情感文"），首先我们要学会拆解情感类爆款文章。

第 1 节　阅读量 10W+ 情感文拆解

什么是情感文？情感文就是讲述婚姻、爱情、亲情、友情的文章，用情感打动读者，写作者通过描写生活中的感人片段，触摸读者内心深处最柔软的部分。

无论是深情中的仪式感，还是薄情中潜藏的雷区，写作者发现并写出来，读者在看完文章后有所感悟，从而反观自己的情感生活。

针对情感文，初学写作者一般在观察、思考和把握三个方面有所欠缺。下面我们将从这三个方面阐述如何写出一篇阅读量 10W+ 的情感文。

一、拆解文章成就写作

在前文中，我们已经对新媒体写作的基本要求进行了分析，但能写出文章与能上稿之间还有很大的差距。

作为初学写作者，要想快速写出能上稿的文章，重点在于两个字——拆解，即拆解爆款文章。

在我们的身边，有一位作者曾罗列了 300 多篇爆款文章，并对它们做拆解练习。拆解完这些文章后，他试着写了一篇文章，一经发布就被各大公众号转载。之后他写了很多阅读量几十万的文章，其中有几篇甚至达到了上千万。

可见，在学习新媒体写作的过程中，认真拆解爆款文章的初学者不仅进步大、上稿快，还能更有效地找到当下人们的痛点和热点话题，做出高质量的选题，而且文章被选用的概率和成为平台签约作者的可能性也更大。

因此，在我们的写作社群里，我们对初学写作者的硬性要求就是一定要多拆解爆款文章，一天拆解一篇，甚至一天拆解几篇。

坚持拆解爆款文章有以下几个好处。

1. 快速掌握爆款新媒体文章的写作技巧

拆解爆款文章可以让我们了解针对同一个选题，爆款文章和自己的文章之间有什么不同、差距在哪里，这样我们才有可能写出爆款文章，而不是像无头苍蝇一样不知道自己文章的问题在哪里。

2. 方便建立选题库和素材库

对爆款文章的选题和素材进行综合分析，并据此建立一个自己的选题库和素材库。其实有很多选题几年甚至十几年都不过时。

3. 提升写作者自身的素养，树立正确的三观

写文章最重要的是作者和文章的内容三观要正。当我们拆解爆款文章的时候就会发现，三观正是爆款文章的基础，同时也是写文章最基本的条件。所以，在拆解爆款文章的同时，我们的素养也能得到提升。

二、七步拆出一手好文章

在我们的写作课程中，我们发现对初学写作者而言，详细拆解爆款文章是提升写作能力的最好方法。对爆款文章进行拆解一般有七个步骤。

1. 拆解标题

为什么要拆解标题？原因很简单，文章的标题直接决定了读者是否会点开阅读。至于如何拆解，你可以参考本书第三章中有关如何取标题的内容。

2. 拆解选题

有时候文章的标题即选题，但也有很多文章的选题从标题上看不出来，因此，初学写作者必须认真地拆解爆款文章的选题。

在拆解爆款文章的选题时我们要思考以下内容：选题的类型是什么；作者为什么要写这个选题；这个选题抓住了哪些人的内心；之前

有人写过这个选题吗；如果有人写过，爆款文章的选题和同类选题有哪些不同，如切入点和写作手法等。

在对爆款文章的选题拆解完后，我们一定要将自己的发现及时记录在选题库里，并将自己的心得写到备注栏内，这样不仅找到了好选题，还能找到写作灵感。

3. 拆解结构

拆解爆款文章的结构是整个拆解过程中最重要的一步，因为文章的结构决定了在开始写作后，我们是否能够取得事半功倍的效果。

一般来说，情感文常用的结构有递进式结构、并列式结构和总－分－总结构，其中以递进式结构为主。

递进式结构即从开头引入后，文章剩下的内容围绕"是什么""为什么""怎么办"三个层次展开来写。

并列式结构即文章围绕选题进行多角度的论述，每段之间没有主次之分。

总－分－总结构则是指文章先总结论述，后分开描述，最后再总结升华。

针对微信公众号、平台的调性的不同，爆款文章的结构也不同。例如，公众号"视觉志"上的千万阅读量的爆款文章一般都是并列式结构，"拾遗"上的爆款文章则以总－分－总结构居多，"桌子的生活观"上的爆款文章多采用递进式结构。

初学写作者可以采用递进式结构和总－分－总结构，这两种结构相对简单，不容易出错。并列式结构很难驾驭，因为文章的结尾很难收回来，建议初学写作者待写作能力提升后再进行尝试。

4. 拆解素材

拆解素材和拆解结构同等重要。素材是整篇文章的灵魂，如果素材写得好，文章就很有可能成为爆款。爆款文章的素材一般要满足以下三个方面的要求。

第一，新鲜。我们要看一看爆款文章所用的素材是否新鲜、少见，如果是，就将它们记录下来，留作自己以后写作时使用。

第二，精准。很多爆款文章所用的素材都很精准，每个字都是为作者要表达的立场服务的。所以，在拆解的时候我们一定要研究一下素材的用法。

第三，生动。在拆解的过程中，我们要分析某个素材是如何被作者写得更生动和精彩的，作者是如何将情绪代入其中并找到发力点的，这些都需要我们记录下来。

5. 拆解金句

爆款文章一般都会有一些金句。如果你想把这些金句应用到自己的文章里，就要把这些金句抄下来，用的时候只需注明出处即可。

怎样才能找出文章的金句呢？一般有两个标准：一是打动你的内心，让你想写评论、想转发的句子；二是留言区读者复制粘贴的原文中的句子。

6. 拆解名言警句

拆解名言警句和第 5 步一样，就是我们先把名言警句抄下来，建立自己的资料库。然后，我们要分析一下爆款文章为什么使用这些名言警句，它们分别起到了什么样的作用。

7. 拆解结尾

文章的结尾常常被初学写作者忽视。爆款文章的结尾一般都很出彩，在拆解结尾的时候，我们要先看一下它是哪种类型的结尾；其次，看看结尾怎样升华了文章的主题；最后，看看作者写这篇文章的意图是什么。

具体如何拆解结尾，初学写作者可以参照上一章中讲述的如何写好结尾的内容。

通过以上七个步骤，我们就可以非常深入地拆解一篇文章。同时，还加入了自己的想法和理解，这样的拆解才更有意义。

虽然我们强调拆解爆款文章的重要性，但强烈反对抄袭和洗稿的行为。如果拆解完一篇文章后，你觉得这个选题特别好，自己也想写一篇，那你写的文章一定不能和原文有任何相似的语句，包括结构和素材也不能相同。

当然，如果你只是私下模仿或练习一下，是完全可以的。

第 2 节　情感文的写作技巧

在上一节中，我们通过拆解阅读量 10W+ 的爆款情感文的选题、结构等，掌握了爆款情感文的特点。那么，怎样才能写一篇爆款情感文呢?

一、一切观点都要围绕痛点、焦点问题展开

每个人都会经历喜、怒、哀、乐这几种基本情感或情绪，每一种情感或情绪背后都有当事人的痛楚、焦虑或在意的东西。当你写的文章中的某一点触动了读者内心最真实、最敏感的部分时，就会像蝴蝶效应一样，引发一场潜意识里的海啸和地震。

在写情感文时，我们要找到那些能触动读者的点。那么，如何找到读者的痛点和焦点呢？

1. 痛点

我们常说推己及人，也就是说我们要先审视一下自己的内心。你最喜欢的、最不喜欢的、最想要的和最讨厌的事或人是什么，然后问一下自己为什么，往往这个为什么就是痛点。

2. 焦点

我们可以上各大门户网站、微博或从新闻中寻找焦点问题。我们可以看一看大家都在看什么、关心什么、了解什么，大家都关注的一般就是焦点。

作为写作者，虽然要有撕开生活的假面和直击人性的勇气，但只贩卖焦虑而不提供解决的办法，就不能吸引读者阅读和转发。所以，在呈现完痛点和焦点问题后，要给予读者实实在在的帮助，让读者对生活充满希望和期待。

二、充分发挥选题库和素材库的优势

有些初学写作者为了写一篇文章，会先寻找素材，从素材中寻找自己想写的选题。

但是，绝大多数初学写作者对选题的把控能力相对较弱。如果你先挑选素材，素材太多反而会影响寻找选题的初衷。

与不停地找素材再从素材中切选题相比，我们不如好好利用拆解爆款文章建立起来的选题库，从中挑选一个自己想写的选题，再围绕这个选题找素材。

例如，在我们的爆款选题库里有"分手见人品"这个选题，我们想写这个选题；然后，我们可以找有关恋爱、婚姻、友情的分手素材，再从中挑选出和选题最相关、最具备差异性的素材；最后，找一些名人的素材以丰富文章的内容，增强文章的可读性。这样一来，这篇文章的成稿时间将大大缩短。

虽然建立素材库既费时又麻烦，但通过每天的积累，一般 3 个月左右就能完成素材库的建立。

三、"新、准、狠"的素材才能决胜情感文

羽毛在写"别人家的老公"这个选题时，首先在微博上搜索了"纸尿裤"这个关键词。为什么要搜索纸尿裤呢？因为她想描写一个会给孩子换纸尿裤的老公形象，而 Facebook 创始人扎克伯格给孩子换纸尿裤的素材已经被很多人写过，再写就没有新意了。

当时她在微博上搜索后发现，日本乒乓球运动员福原爱及其老公江

宏杰与好友马龙在微博上有一个特别有意思的互动。

江宏杰在某场乒乓球比赛中以 0 比 3 惨败，对手是马龙。福原爱、江宏杰和马龙私下又是好朋友，两家的孩子也差不多大。

于是福原爱直接在微博上 @ 马龙说：下次我们比赛谁家宝宝喝奶喝得比较多。

江宏杰也回复马龙说：下次我们比赛换纸尿裤。

看到这个互动，羽毛马上在网上搜关于福原爱和江宏杰的爱情与婚姻故事。虽然当时能搜到的并不是太多，但江宏杰每次比赛结束回家后都会主动给孩子换纸尿裤、洗澡和带孩子出去玩，从这些细节可以看出江宏杰的细心和体贴，完全是典型的"别人家的老公"的模范。

有了这个素材，写"别人家的老公"这个选题就变得非常容易，而且这个素材很新鲜，恰好是当天的一个热门话题，因此这篇文章的阅读量也噌噌往上升。

所以，素材一定要"新、准、狠"，越新越好，与主题的契合度越高越好，而且要直击痛点。

四、学会讲故事，才能将文章写活

写作者讲故事的能力往往决定了其写的文章是否能够抓住读者的心。

在《同志，你还配健身吗》一文中有这样一个故事。

以前公司的老板，有一次带我们去苏州的农家乐玩，正在村里散步，突然从树丛里窜出一只野狗。本来人家小狗就是路过，结果老板为了彰显自己的衣食父母形象，突然对我们大叫：快跑！

一帮人飞快地开始逃跑。老板跑在最后，突然他停了下来，对我们说：你们跑，我来对付它！

只见老板脱下上衣，站在原地上下挥舞，时而大鹏展翅，时而波罗密手，那架势是要与野狗展开一场殊死搏斗……

捣鼓了老半天，人家野狗悠闲地溜达着过来，转了个弯走了。

虽然搏斗都没有进行，但是老板舍己为大家的情怀感动了我们。正当大家感慨万千地上前准备拥抱老板的时候，老板说："我其实就是跑不动了。"

其实仔细看这个故事，讲的只是一群人怕狗、逃跑后发现野狗没有攻击性。但写作者却写出了画面感，而且让读者有一种很强的代入感。

要想讲一个好故事，应该先做好铺垫，铺垫得越深，后面的转折就越出其不意。

例如，在上述故事中就有两个转折点：一是野狗看了一场演出转个弯走了，二是老板只是跑不动了才装腔作势地赶狗。

在铺垫的过程中，还要注意去掉繁枝末节，突出重点，这样才能使故事有节奏，一气呵成。此外，在写的过程中，一定要多用动词，同时略加一些形容词。

五、说理适可而止

在学写新媒体文章时，写作者常常会遇到两个问题：一是初学阶段有理说不出，二是上手以后长篇大论地写道理。

在我们的写作社群里，有些学员的整篇文章翻来覆去就那么几句道

理，明明有很多话要说，但就是写不出来，只好硬凑字数。

那么好的说理是怎么样的？我们以"妈宝男"为例讲一下。

说理一：别指望你的婆婆能改变那个软弱、没有主见的男人，因为这个男人就是她培养出来的。28年前轻而易举能做到的事她没有去做，28年后极难改变的性格，她再想使力也是白费劲。

首先我们应该了解"妈宝男"是怎么形成的，一般是因为妈妈太强势、控制欲太强。如果儿媳妇想通过婆婆去改变"妈宝男"，是非常困难的。搞清楚了其中的因果关系，才能一针见血地指出问题所在。

说理二：重度"妈宝男"唯妈是从，一想到自己以后像他的妈妈，而且生活被婆婆掌控，简直是太可怕了。

和"妈宝男"生活在一起会是什么样子？你完全成了局外人，他和他的妈妈才是一家人，而且他什么都听妈妈的。这种生活谁能接受？想到这里，你要写的道理就脱口而出了。

说理三：面对重度"妈宝男"，也许离开才是最好的选择。世界太大、太美好，不要枉费来这世上走一遭。

面向未来，从一生来看待眼前的这件事情；格局大一点，层次高一点，眼光长远一点，我们写出来的道理就能更深刻、更豁达。

因此，在写新媒体文章时，说理一定要掌握好度，理性地思考，感性地表达。

第六章

励志类文章的写作

新媒体文章分为很多类型，而励志类文章（以下简称"励志文"）无疑是最受读者欢迎的一类文章。

现实生活的压力，让"丧""焦虑""迷茫""负能量""抑郁""孤独"成为很多人的自我标签。尽管有人说"人间不值得"，但每个人的内心深处还是向往温暖、自信、爱与被爱、理解和幸福。一篇好的励志文就能给读者带来上述正能量。

从励志文中，我们可以看到处于困境的人如何变得更好，倒霉的人如何逆袭，内向的人如何打造自己的竞争力，职场小白如何做出一番成就，底层的人如何走向成功等。

当读者从这类文章中看到自己的影子时，也就看到了一个更好的未来，拥有了改变的动力。

提起励志文，很多人立马会想到鸡汤类文章（以下简称"鸡汤文"）。的确，这两者有一定的相似性，但本质却不同。

和鸡汤文相比，励志文多从实际的角度和故事出发，除了内容积极向上、能够给人带来力量之外，更具指导意义和实操性。

虽然鸡汤文也有一定的激励作用，但是鸡汤文只渲染各种美好，对

于通往美好的路在哪里以及怎么走却很少提及，以至于现在"鸡汤"也成了一个贬义词，被很多人吐槽。

第1节　刷屏级励志文拆解

根据不同的选题，下面我们对常见的几类励志文进行详细的拆解。

一、自我提升类

自我提升类励志文主要以"勤奋、努力、坚持、奋斗"等为主题，激励读者通过提升自身的素质及做出实际行动，使自己越来越优秀、生活越来越好。

下面我们以《出身不能选择，但要去的地方可以》一文为例，讲解自我提升类励志文的拆解。

1. 整体拆解

标题：《出身不能选择，但要去的地方可以》。

选题切入点：出身不重要，自己的努力最重要。

结构：正反对比。

①正：有目标并不断努力，起点再低，也能有美好的未来。

②反：如果自己不努力，起点再高也没用。

总结：出身与未来无关，真正努力过才会有回报。

关键词：出身 / 家境 / 起点 / 未来 / 命运 / 决定 / 方向 / 梦想 / 愿景 /

努力 / 行动 / 出击 / 抱怨 / 空想。

2．详细拆解

第一部分（正）：身边故事 + 评论。

① 身边故事：老家的邻居虽然是村里的贫困户，但他们的女儿从小到大读书特别努力，最后获得博士学位，还去国外的学校进行学术交流。

② 评论：出身选择不了，但可以选择自己要去哪里。

第二部分（反）：身边故事 + 评论。

① 身边故事：朋友的儿子拥有高学历，但毕业后一直混日子，最后却羡慕高中同学的收入高，认为自己现在这样是父母造成的。

② 评论：起点再高，不主动进取，起点可能就是人生的制高点。

第三部分（总结）：道理 1+ 道理 2+ 道理 3+ 总结 + 结尾（点题呼应）。

① 道理 1：不相信努力的意义的人，是因为没有真正努力过。

② 道理 2：人生不进则退，只有不断精进才不怕遇到任何困难。

③ 道理 3：不要抱怨和空想，要为梦想全力以赴。

④ 总结：出身决定不了未来，拥有目标和付出努力最重要。

⑤ 结尾（点题呼应）：不愿意行动，愿景再好也没用。

文中金句。

① 每个人的人生至少有两个起点，一个是出生的时候，另一个是你找

到了方向并且开始努力的时候。（第一部分结尾）

② 即使选择不了出身，也能选择自己要去往哪里。（第一部分结尾）

③ 不愿意行动，愿景再好也没用。（第三部分结尾）

二、转变心态类

转变心态类励志文主要以保持良好的心态，如"坦然、不计较、不抱怨"等为主题，让读者明白通过转变自己的心态，可以改变自己看待人、事、物的角度和调整自己的行为，让自己越来越快乐。

下面我们以《你对生活微笑，生活便会对你微笑》一文为例讲解转变心态类文章的拆解。

1. 整体拆解

标题：《你对生活微笑，生活便会对你微笑》。

选题切入点：与其抱怨，不如改变，心态积极才能真正解决问题。

结构：正反对比。

① 反：心态不好、喜欢抱怨的人，日子只会越过越差。

② 正：心态积极的人，生活会越来越好。

总结：没有一帆风顺的人生，只有乐观面对生活才会无限美好。

关键词：抱怨 / 怨天尤人 / 怨声载道 / 愁眉苦脸 / 困难 / 痛苦 / 艰难 / 生活 / 微笑 / 快乐 / 积极 / 心态 / 态度。

2. 详细拆解

第一部分（反）：身边故事 + 评论。

① 身边故事：楼上的邻居经常抱怨，生了孩子之后更是一发不可收拾，结果糟糕的情绪影响了工作，被公司开除，也因此牵涉到孩子和丈夫，夫妻俩最后以离婚收场。

② 评论：遇到困难就怨天尤人，只会让生活越来越糟。

第二部分（正）：身边故事＋评论。

① 身边故事：公司新来的实习生，虽然家境贫苦，但每天都很积极、乐观，最后顺利通过试用期，而且大家都很喜欢她。

② 评论：每个人的生活都不容易，但是心态积极的人会缩小困难、放大快乐，最后也会拥有更好的生活。

第三部分（总结）：道理1＋道理2＋道理3＋总结＋结尾（点题呼应）。

① 道理1：每个人的生活都不容易，我们不能阻止困难的到来，但可以选择如何面对。

② 道理2：摔倒后能重新站起来的人，都是能咬牙坚持、微笑前行的人。

③ 道理3：生活如照镜子，我们用怎样的目光就会看到怎样的生活。

④ 总结：迷茫的人只会抱怨，而透彻的人却在微笑。

⑤ 结尾（点题呼应）：你对生活微笑，生活便会对你微笑。

文中金句。

① 困难从不善良，你越示弱，它越猖狂。（第一部分结尾）

② 每一个微笑的背后，可能都有一个咬紧牙关的灵魂。（第二部分

结尾）

③ 我们看到的光鲜，背后都有不为人知的艰难。（第二部分结尾）

④ 以微笑面对生活的人，终究会被生活温柔以待。（第二部分结尾）

⑤ 生活如照镜子，你用怎样的目光就会看到怎样的生活。（第三部分结尾）

⑥ 你对生活微笑，生活便会对你微笑。（文章结尾）

三、人品修养类

人品修养类励志文主要以"诚信、友善、坦诚、善良"等为主题，此类文章促使读者通过提高自身的修养，养成良好的做人、做事的品格，工作和生活也会因此受益。

下面我们以《最高的情商，是坦诚》一文为例，讲解人品修养类励志文的拆解。

1. 整体拆解

标题：《最高的情商，是坦诚》。

选题切入点：做人要坦诚。

结构：并列式。

① 坦诚，是一种态度。

② 坦诚，是一种修养。

③ 坦诚，是一种智慧。

关键词：坦诚／真诚／以诚待人／人际交往／人际关系／问题／不足

/ 缺点 / 虚伪 / 理解 / 尊重 / 尊敬 / 信任 / 安心。

2. 详细拆解

第一部分：身边故事 + 评论。

① 身边故事：队友在首次合作前主动且真诚地向大家说明了自己存在的问题和不足，在后续的正式合作中大家都互相理解和包容。

② 评论：坦诚是一种真诚的态度，也是人际交往中良好关系的前提。

第二部分：名人故事 + 评论 + 分析 + 总结。

① 名人故事：卡洛斯·斯利姆·赫鲁在荣登福布斯全球富豪排行榜榜首时，坦诚地表明自己"打败"比尔·盖茨是因为自己没有像他那样为社会做出足够多的贡献，这席话让他得到了所有人的尊敬。

② 评论：坦诚，就是看清自己的缺点和不足，并且在他人面前承认这些不完美，这是一种勇气，更是一种魄力。

③ 分析：坦诚的人更容易得到别人的信任的原因。

④ 总结：对自己坦诚，是一种能力；对他人坦诚，是一种修养。

第三部分：过渡 + 身边故事 + 名言警句 + 评论 + 结尾（点题呼应）。

① 过渡：用一问一答的形式解释"情商高"和"虚伪"的区别，点明坦诚是一种高情商。

② 身边故事：身边的一个同事表面和善，但却将所有人都看作竞争对手，背地里搞"小动作"。虽然他很有能力，性格也好，但人际关系却很差。

③ 名言警句：富兰林克说，坦诚是最明智的策略。

④ 评论：坦诚就是做人的名片。

⑤ 结尾（点题呼应）：坦诚待人，真诚做事，愿你拥有和谐的人际
   关系。

文中金句。

① 坦诚，是人际交往的第一原则，是良好关系的前提。（第一部分
   结尾）

② 对自己坦诚，是一种能力；对他人坦诚，是一种修养。（第二部分
   结尾）

③ 坦诚是最明智的策略。（第三部分结尾）

四、爱人爱己类

爱人爱己类励志文主要以"如何对待自己和身边的人（如重视健
康、学会陪伴、学会断舍离等）"为主题，提醒读者要学会爱护自己，
重视和珍惜身边的人，发现以往生活中自己的不恰当行为或忽略的事
情，以让自己无愧于心、生活不留遗憾。

下面我们以《好好睡觉，你就赢了》一文为例，讲解爱人爱己类励
志文的拆解。

1. 整体拆解

标题：《好好睡觉，你就赢了》。

选题切入点：休息是为了更好的努力，好好睡觉才是身体健康、工
作顺利的前提。

结构： 递进式。

① 是什么：人有三分之一的时间是在睡眠中度过的，睡得好不好也决定了另外三分之二的时间是什么样子。

② 为什么：如果没有睡好，伤神还伤身。

③ 怎么办：如何给自己一个良好的睡眠。

关键词： 睡眠 / 睡觉 / 休息 / 状态 / 健康 / 身体 / 生活 / 工作 / 熬夜 / 早睡。

2. 详细拆解

第一部分（是什么）：一句话点题 + 分析 + 身边故事。

① 一句话点题：直接说明睡眠对一个人的重要性。

② 分析：我们在生活中面临的压力有很多，需要睡眠来帮助我们调整状态。

③ 身边故事：同事熬夜的那段时间，工作和精神都不在状态，后来调整了睡眠时间，整个人都精神焕发，与之前判若两人。

第二部分（为什么）：一句话点题 + 网友故事 + 评论 + 过渡 + 身边故事 + 评论。

① 一句话点题：直接说明睡眠不足的危害，伤神还伤身。

② 网友故事：选取网友说的话，说明熬夜对身体的各种危害和影响。

③ 评论：很多人以为自己身强力壮、扛得住，却忽略了熬夜透支的是人生下半场的生命力。

④ 过渡：用金句过渡，引出下面的故事。

⑤ 身边故事：作者的哥哥常上夜班导致身体不好，还需要吃药，后来改变了作息习惯，发现比吃药还有效。

⑥ 评论：不要把睡觉当小事，人生很长，身体健康的人才能笑到最后。

第三部分（怎么办）：一句话点题 + 过渡（方法论 1+ 方法论 2）+ 总结 + 结尾（点题呼应）。

① 一句话点题：引用名言警句，再次强调睡眠的重要性。

② 过渡：除了特殊工作之外，努力做到提高自制力（方法论 1）和懂得自我调整（方法论 2），一般都可以保证有一个好的睡眠。

③ 总结：状态影响生活，睡前放空一切，醒后就是新生。

④ 结尾（点题呼应）：早点睡。

文中金句。

① 一切有生之物，都少不了睡眠的调剂。（第一部分开头）

② 睡觉本身就是对健康最大的投资。（第一部分结尾）

③ 我们所熬的夜，透支的是人生下半场的生命力。（第二部分开头）

④ 自爱的首要条件就是先吃好一顿饭，睡好一个觉，不问理由地先强壮自己的身体。无论发生什么，都要善待自己。（第二部分中间）

⑤ 好好睡觉，是一种了不起的才能。（第三部分开头）

⑥ 睡前放空一切，醒后便能迎来新生。（第三部分结尾）

第 2 节　励志文的写作方法

一、写励志文的好处

对于写作者来说，写励志文并不是因为这类文章受欢迎。要写出正能量，就意味着要学会发现生活中的正能量。也就是说，写作者要关注身边的人和事，并且能够看见其中的闪光点，然后将这些细节放大，把真、善、美传递给更多的人，以此给予读者更多的力量。

作为写作者，当你看到的正能量越来越多，内心就会感受到更多的温柔与善意，你会因此变得积极向上，生活也会更加舒心。此外，你的状态也会对身边的人产生积极的影响。

与写作变现相比，这样的正向循环才是励志文对写作者最好的滋养。

接下来，我们就讲一讲如何写好一篇励志文。

二、励志文的写作方法

通过前文中对不同类型的励志文的拆解，我们可以发现，和其他类型的新媒体文章相比，励志文最大的不同就在于其选题。

1. 研究常规选题

简单来说，励志文要符合社会主流价值观，因此我们可以研究那些具有正能量和积极意义的人、事、物。下面我们以社会主义核心价值观为例，讲解如何研究常规选题。

社会主义核心价值观：富强、民主、文明、和谐，自由、平等、公正、法治，爱国、敬业、诚信、友善。

虽然社会主义核心价值观只有短短 24 个字，但我们可以从中扩展出很多官方认可且受大众欢迎的励志文选题。

例如，在研究"富强"这个关键词时，首先我们可以通过拆解字义法进行延伸："富"意味着拥有良好的物质基础，"强"意味着各方面的能力很强。

然后，我们通过目标倒推法继续进行延伸：要做到上述两点，第一，我们需要努力改善自己的生活；第二，要不断学习各种技能，包括"保持身心强壮"。"努力""不断学习""保持身心强壮"就是励志文中常见的选题。

此外，我们还可以通过关键词联想法继续做延伸：

- 努力——在哪些方面努力、如何努力、努力会带来什么结果等；

- 不断学习——怎么学习、怎么保持不断学习、如何让学习的效果更好等；

- 保持身心强壮——怎么保持身体强壮、如何拥有强大的自信心、身心强壮的好处等。

2. 拓展关键词，从细节着手

例如，自我提升类中的"自律"。结合这个选题，我们可以联想到身边那些自律的人，他们有哪些生活习惯，由此可以延伸出：

- 早起——早起的人，到底有多赚；
- 坚持读书——读书，是女人最好的化妆品。

例如，转变心态类中的"宽容"。一个人很宽容，说明他不爱计较，由此可以延伸出：

- 不纠结小事——真正的聪明人，懂得原谅生活中的不完美；
- 有气量——心宽，路才宽。

例如，人品修养类中的"格局"。联系生活中哪些方面能反映出一个人的格局，由此可以延伸出：

- 不怕吃亏——怕吃亏的人，都走不远；
- 心眼小——看不得别人好，是一种病。

例如，爱人爱己类中的"爱惜身体"。联系生活中人们的行为，要做到这一点，可以延伸出：

- 好好吃饭——好好吃饭的人都不简单；
- 按时睡觉——好好睡觉，你就赢了。

3. 洞察人心

励志文除了宣扬美好，还能给人以改变的动力。我们可以思考一

下，什么样的人最需要改变。

例如，有句俗话叫"男人怕穷、女人怕丑、小孩怕笨"，仅仅从这三句话中我们就可以找出很多选题。

（1）男人怕穷

- 年轻可以穷，但不能一直穷。

- 最怕你穷的心安理得。

- 与其有钱，不如值钱。

（2）女人怕丑

- 不抱怨的人，怎样都好看。

- 你尊重别人的样子，真的很美。

- 好看没用，你得善良。

（3）小孩怕笨

- 真正的聪明人，是懂得下笨功夫。

- 别让你的努力，毁于低效率的勤奋。

- 你不是笨，你只是懒。

三、写励志文的注意事项

在确定好励志文的选题之后，我们就要确定文章的结构，即列提纲。由于励志文的结构及大纲的写法与其他新媒体文章类似，在这里就不再赘述。

下面我们主要讲一讲写励志文的注意事项。

1. 励志文的素材

励志文的素材主要是从实际生活出发，通过描写身边人的故事来传递正能量。

由于大多数读者都是普通人，因此当他们读励志文时，只有相似的背景、身份和经历，才更能引发他们的共鸣。所以，在选择励志文的素材时，不要为吸引眼球而追热点，尽量少写或不写名人的事例，而以身边的事例为主。

2. 励志文的特点

第一，接地气。新媒体文章的主要特点就是接地气，尤其是励志文。因此，为了让更多的人都能看得懂、用得上，在写作的过程中，我们必须注意深入浅出。每一个道理都要由故事引出，让读者先看得下去，然后才是看得懂，最后他们才能自然而然地接受作者的观点。这时再通过对故事进行分析，阐述其中的道理，而不是强行告诉读者应该或不应该怎么样。

第二，普适性。在本章的开头我们就提到，励志文要更具实操性，不能一味地喊口号，也不能写极端的事例。所以，在写励志文时，无论是举例、还是写方法论，都要具有普适性，对大多数人有帮助。

第七章

职场类文章的写作

第1节　不同类型职场类文章拆解

职场类文章（以下简称"职场文"），顾名思义就是与职场有关的文章。从内容上看，职场文可以分为职场分享文、职场干货文和职场观点文。

一、职场分享文

职场分享文主要针对某个行业或领域中的职场趣闻、行业特点等进行分享。例如，乘务人员、银行职员、公务员、教师、主持人、某类公司（如广告公司）职员等分享自己在工作或行业内的趣事。

作者作为某个行业的一员，对相关的日常工作及行业特点最有发言权，所以其分享的内容比较真实可信，也能吸引对该行业感兴趣的读者。在选题上，这类文章随着行业的不同也呈现出多样化的特点。下面我们以两篇职场分享文为例进行讲解。

《一个小学语文教师的一天》

文章的叙述形式就是"流水账式":起床、上课、课间休息、中午吃饭、午休、下午上课、放学、晚上批改作业等,在叙述的过程中流露出当老师的真实感受。

这种事无巨细的分享形式,为我们展现了一个普通语文教师一天的生活写照,虽然写作形式简单,却容易理解,也拉近了和读者的距离。

《空乘生活:每天倒倒咖啡岁月静好? NO! 你想多了……》

我们在乘坐飞机或者看影视剧中乘坐飞机的镜头,看着飞机上漂亮的空乘人员就是推手推车、倒水、端咖啡、给旅客拿毛毯,所以就以为他们的工作很轻松,其实不然。这篇文章就为读者揭秘了空乘人员的真实生活状态:休息的时候可能会遇上开会、培训参加了一场又一场、隔三岔五为考核熬夜背题、航前检查时紧张担心、客户投诉时忍气吞声……还有一些空乘人员因工作原因经常熬夜、倒时差、脱发严重……

看完这篇文章后我们才知道,空乘人员靓丽的外表和生活背后实际上隐藏着很多不为人知的辛酸。无数人挤破头想进去,但他们的工作并不像人们想象中那么简单,唯有不断努力,才能胜任这份工作。

以上两篇文章属于不同行业的职场分享文。作者以第一人称的视角告诉读者,该行业的日常工作及自己的感受。这类单纯的职场分享文比较直观,一般采用平铺直叙的方法客观地陈述事实,可以为想从事该行业的读者提供一些参考。

二、职场干货文

与职场分享文相比，职场干货文最大的不同是文章以干货为主，故事是为干货服务的。职场干货文从内容上分为技术工具类、职场关系维护类、职场心理疏导类等。

1. 技术工具类

技术工具类职场干货文主要是我们在工作中经常用到的办公软件的干货分享，如 Word、Excel、PPT 等。下面我们以两篇技术工具类职场干货文为例进行讲解。

《Word 文档 15 个实用技巧，99% 的人都不知道》

文章用罗列清单的方式向读者介绍了 15 个很实用却经常被忽略的 Word 文档技巧，这对于经常使用 Word 的职场人士来说，无疑是一种福音。

《被 Excel 玩坏了？这 26 个绝密必杀技你值得拥有》

在这篇文章中，作者直接罗列了包括外部数据导入、自定义条件筛选、超链接插入、避免数据重复录入、数据对齐方式设置等在内的 26 个技巧，并用动图的方式呈现，读者只要跟着操作几遍基本就能学会。

技术工具类职场干货文大多采用并列式结构，直接罗列出实用的干货，让读者一目了然，实用且易操作。

2. 职场关系维护类

这类文章主要针对职场关系维护提出实用的技巧。在职场关系中，不外乎同级关系和上下级关系，所以在技巧上也是针对如何维护这两种关系提出的。下面我们列举两篇职场关系维护类职场干货文进行讲解。

《同事相处必须避免的 5 大坑，99% 的人都中招啦！》

在职场中，我们与同事相处的时间最长，所以处理好与同事之间的关系尤为重要。那么，在与同事相处的过程中，应该避免哪些坑呢？这篇文章用罗列清单的方式给出了如下建议：

① 避免做实打实的"老好人"；

② 避免什么事都往自己身上揽；

③ 避免在工作时不停地抱怨；

④ 避免和同事说领导的坏话；

⑤ 避免向领导告状和打小报告。

《和上司相处的 5 大黄金法则，你掌握了吗？》

如果说和同事相处比较随意，那么在和上司相处时大多数人都会很小心翼翼，害怕自己说错一句话或做错一件事给上司留下不好的印象。所以，如何与上司相处呢，这篇文章给出了 5 大黄金法则：

① 主动汇报工作进度；

② 工作不拖延，说到做到；

③ 建议私下说，不公开反驳领导；

④ 做错事主动承担，不推卸责任；

⑤ 不和领导抢功劳，做好工作是第一位。

3. 职场心理疏导类

这类文章主要针对职场人士如何保持良好的心理状态提出相应的建议。身在职场，每天处理各种各样的工作让人身心俱疲，所以在心理健康方面也需要一些专业的建议。下面我列举两篇职场心理疏导类职场干货文进行讲解。

《工作总是打不起精神？ 3 招教你摆脱职场心理疲乏》

在工作中，每个人都有心理疲乏期，对什么事都提不起兴趣。当遇到这种情况时，我们应该怎么办呢？文章在故事引入、引发共鸣之后提出了 4 招。

① 合理调整目标，转变心态。

② 规范作息，合理饮食和运动。

③ 有条件时适当放空，旅游和购物可以带来满足感。

④ 调节工作节奏，让工作井然有序。

《压力大失眠？职场焦虑你不可忽视》

身在职场，无论处在什么样的位置，每个人都有一定的压力，只是每个人的抗压能力不同，所以表现出来的状态也就不同。抗压能力弱的人，在职场中更容易焦虑。针对职场焦虑，文章提出了 3 条实用的建议。

① 避免"混日子"假勤奋，工作有状态内心不慌张。

② 做好时间管理，不让加班成为家常便饭。

③ 做好职场规划，把工作细化到每一天。

三、职场观点文

职场观点文主要是作者针对职场中的一些现象提出自己的观点，给读者以启示。大多数职场观点文先由案例引入，然后作者提出自己的观点并层层剖析。下面我们以两篇职场观点文为例进行讲解。

《中年人的崩溃，从不敢辞职开始》

有些人参加工作十多年了，工作激情慢慢被磨灭。他们想利用休息时间给自己"充电"，却发现工作、家庭和孩子都不能放。工作强度和难度越来越大，身体越来越吃不消，每天工作像打仗一样，心中有一万次辞职的冲动，但终究被掐灭。因为他们上有老下有小，还要还车贷、房贷。

所以他们一边拖着沉重的步伐去上班，一边抱怨自己的处境艰难；一边想着辞职，一边又咬牙坚持。

文章抓住很多人"不敢辞职"这个痛点，道出了很多中年职场人士的心酸，引发了读者的共鸣。

《注意！你的无效努力，正在慢慢拖垮你》

在职场中，有这样一类人，他们每天来得最早，走得最晚，但工作业绩一般，还经常出现差错。反倒是那些不经常加班的人升职了，工资也翻了一番。究其原因，前者是无效努力，后者是努力有成效。

无效努力会给人一种错觉，让人误认为自己已经尽力了，而实际情况是虽然你很忙，但工作成绩却不及别人的一半。文章通过列举无效努力的种种危害，进而得出这样的观点：无效努力会拖垮你，所以一定要提高工作效率，提升工作业绩。

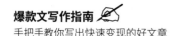
总体来说，纯职场分享文相对比较容易写，作者把自己真实的经历和感受写下来即可；而职场干货文和职场观点文写起来相对较难，需要写作者提炼观点，而且案例要生动、吸引人。

第 2 节　优质职场文这样写

在讲优质职场文怎样写之前，我们先来了解优质职场文的特点和写职场文要做好哪些准备。

一、优质职场文的特点

什么样的职场文才是优质职场文？和情感文、励志文一样，职场文也属于新媒体文章的一种。因此，一篇优质的职场文也必须满足以下几个条件：选题具有足够的吸引力，文章中的观点独到、不随大流，文章受众面广且能牢牢抓住读者的心。

按照职场文的分类，分享类职场文要接地气，反映写作者工作中的真实状况，表达真情实感，拉进和读者之间的距离；干货类职场文干货充足，可操作性强；而观点类职场文的观点要新颖。

二、写职场文之前需要做好哪些准备

如果你在职场摸爬滚打多年，有很多经验想和大家分享，那么你就适合写职场文。但是写职场文仅有经验是不够的，还需要在平时养成良好的习惯，做好写职场文的准备。

1. 研究爆款职场文

对初学写作者来说，对照学习是快速入门和找到写作感觉的重要途径。你可以关注目前阅读量高、口碑好的职场类公众号，每天阅读5~10 篇职场文。这样你对职场文的内容风格、格式、字数就有了基本的了解。在坚持阅读几天后，就可以对文章进行拆解，像本书前文提到的那样，按照选题、大纲、结构、金句等方面进行拆解。

2. 养成"随手记"的习惯

职场文中的故事大多来源于作者自己、身边的朋友、同事及网友的分享等。如果你想有源源不断的素材，就要做一个有心人，每天记录职场中值得分享的事。例如，有朋友和你分享：

我们公司最近来了一个新同事，这个新同事平时不主动学习，在工作中遇到问题就知道问别人，同样一件事，他做一次问一遍，大家都很烦他。

类似这样的故事我们就可以随手记下来，作为日后的写作素材。

3. 保持持续输入

写作是一种输出，如果没有足够的输入作为支撑，写作者已有的知识很快就会被掏空，进而出现所写的文章缺乏新意、没有深度。只有不断阅读，多看关于逻辑思维、职场故事、职场心理、职场规划等方面的书，并且做好阅读笔记，如摘抄金句，才有可能写出优质的职场文。

三、优质职场文写作实操

要想写一篇优质的职场文，同样离不开选题、结构、大纲、故事。下面我们逐一讲解不同类型的职场文该如何写。

由于每个行业的特点不同，所以在这里我们只介绍职场干货文和职场观点文的写法。

1. 优质职场干货文的写法

（1）选题策划

虽然职场干货文以干货为主，但写作者所选择的干货必须以读者的兴趣为基础，否则即使操作性再强，文章也可能无人问津。因此在写职场干货文时，我们要选择读者感兴趣的选题。例如，职场人士对下面这些选题会比较感兴趣。

《职场新人 5 大生存法则》

《职场达人告诉你：这 4 大说话技巧一定要掌握》

《实习期：这 5 大雷千万别踩》

《老板不会告诉你的 25 条行业秘密》

《遇到"职场讨厌鬼"，掌握 6 大应对技巧分分钟搞定》

《职场瓶颈期到了？ 6 招教你轻松度过》

从上述标题中我们可以看出，职场干货文的选题具有两个特点：一是所分享的干货是职场人士在不同场景中都能实际操作的；二是文章所讲述的问题是职场人士目前最急需解决的。

因此，我们在策划职场干货文的选题时，一定要考虑以下三个方面。

一是选题的受众面够不够广。假如你写的职场文的受众是企业高层领导，那么受众面就太窄。毕竟在职场中，普通职员占大多数，这就是我们应该考虑的问题。

二是选题是不是广大职场人士最关心的。广大职场人士最关心的是什么？职场人士身在社会，他们所关心的话题都与自身密不可分。结合马斯洛的需求层次理论（人的需求分为生理需求、安全需求、社交需求、尊重需求和自我实现需求五个层次），会对我们找职场干货文的选题有一定的启发。我们以生理需求为例。

生理需求：工资、加班与否、有没有周末等；

对应的选题："如何让老板给你主动加薪？""每天加班到怀疑人生？99%的人都忽略了这件事""996工作模式很爽？是你想太多……"

同样，结合安全需求、社交需求、尊重需求、自我实现需求，再从职场人士的角度出发，就能找到读者最关心的选题。

三是选题是否新颖和独特。虽然我们在写作时要找广大职场人士都关注的选题，但如果某个选题已经被写过很多次，读者只看标题就知道文章的内容，就要避开这样的选题，而是找一些新颖和独特的选题。

（2）文章的结构

确定了选题之后，接下来就要明确文章的结构。在职场干货文中，最常见的结构是并列式和递进式。

并列式结构是直接用一个简单的开头提出观点，然后直接引出干货。还有一种方式是文章的开头讲一个职场故事，由故事引出文章的中心论点，然后再直接引出干货。

递进式结构则是由案例引入，提出中心论点，对中心论点进行分析（剖析原因、意义、危害等），然后再提出方法论。

我们以《职场达人告诉你：这4大说话技巧一定要掌握》这一标题为例，展示一下并列式结构与递进式结构大纲的不同。

并列式结构大纲

第一部分：用一段话或故事引出主题（在职场中，好好说话真的很重要）。

第二部分：并列提出干货（重点部分）。

第三部分：总结升华。

递进式结构大纲

第一部分：故事引入（正面/反面）并提出观点。

第二部分：分析在职场中好好说话的意义/不好好说话的危害。

第三部分：方法论——在职场中如何"好好说话"，进行有效沟通。

第四部分：总结升华。

一般情况下，关于技术工具类的职场干货文适合采用并列式结构，而关于职场沟通类的文章采用并列式和递进式都可以。

（3）用故事阐述职场干货

在职场干货文中，文中的干货除了实操性强外，还需要接地气，读者能看懂。因此，我们可以通过故事来阐述干货是如何操作的。这样一来，原本干巴巴的内容有了故事的支撑就会变得可读性很强，也能吸引读者的眼球。

2. 优质职场观点文这样写

在职场文中，观点类职场文比较受欢迎，作者通过某件事传递出自己的观点和看法，这些观点和看法大多是读者没想到的，给人耳目一新的感觉。要想写好一篇职场观点文，同样离不开选题、大纲和故事的支撑。

（1）确立观点，明确立场

在观点类职场文中，作者所传递的观点就是整篇文章的核心。在成文之前，作者要在观点的选择和打磨上下足功夫。在观点的选取上，我们同样可以按照马斯洛的五大需求层次理论来进行。

- 生理需求：主业是必须，副业是刚需。
- 安全需求：42 岁被辞退，你以为的捷径正在慢慢拖垮你。
- 社交需求：每天应酬心力交瘁？你以为的真人脉其实是假社交。
- 尊重需求：职场潜规则，只有强者才能赢得更多尊重。
- 自我实现需求：把爱好变成了事业，到底有多幸福。

（2）选定结构，列好大纲

在结构上，职场观点文大多采取递进式结构，一般按照"提出观点 – 分析观点 – 怎么做"的方式进行，下面我们举一个例子。

标题：《每天应酬心力交瘁？你以为的真人脉其实是假社交》。

结构：递进式。

①第一部分：案例引入，列举职场新人每天忙于无效社交，忙到焦头烂额的案例。

②第二部分：引用其他案例（综艺、影视剧或社会案例）说明每天忙于无效社交的危害：时间没了、钱也花了，到头来却没获取真正的人脉，竹篮打水一场空。

③第三部分：方法论，引用案例说明与其花那么多时间进行无效社交，不如用来提升自己的实力，只有自己变强大了，才有真正的人脉。正所谓，弱者无社交，说的就是这个道理。

④第四部分：总结升华。

（3）把爆款观点写得淋漓尽致

要想把观点写得淋漓尽致，最有效的方法是通过故事布局，表达真情实感，通过故事层层推进，让故事为观点发声。

例如，《年轻人搞副业到底有多野：月薪 3 000，北京三套房》一文就通过讲故事的方法层层推进，说明发展副业的必要性。

①第一部分：通过分享"身边一个朋友通过做微商从而发生由内而外的改变"的案例提出观点。

②第二部分：通过列举"00后""90后"及蜜芽创始人刘楠的案例说明做副业的意义，副业可以让自己的人生多一种可能，也让人生充满惊喜。

③第三部分：通过列举名人的案例说明做副业需要专注和专业。

④第四部分：说明"PlanB思维"的可借鉴性，然后给想做副业的人一些建议。

通过对这篇文章的分析我们可以发现，文章的选题"副业"具有很强的话题性。除了选题，文章的逻辑也比较清晰：身边案例引入观点＋用代表性的案例说明做副业的意义＋做副业需要具备的硬核实力＋做副业应有的态度。除此之外，文章还善于借助有代表性的故事来阐述观点，这是我们在写观点文时值得借鉴的地方。

总而言之，在写职场观点文时，观点是灵魂，结构是根本，素材和案例是骨肉，缺一不可。只有这三者有效结合，才能把观点表达到位，进而引发读者的共鸣。

第八章

亲子类文章的写作

第 1 节　与众不同的亲子类文章

亲子类文章（以下简称"亲子文"）并不局限于育儿，还包括对亲子关系的深入剖析、对原生家庭的反思和育儿知识的普及。

一、亲子文和情感文的区别

在本质上，亲子文与情感文有很多相似之处，例如不管是整篇文章还是单个素材，都要能调动读者的情绪。

在前文中，我们在讲情感文的拆解时提到，很多爆款文章都是在充分抒发了情感后才开始转折的，在写亲子文时也是如此。但亲子文的特点是写作者要告诉父母怎么处理文章中提到的类似问题。

例如，孩子经常哭闹，背后的原因是什么，你是怎么处理的，其他爸爸和妈妈是怎么处理的，心理学家的建议是什么，哪些值得借鉴和哪些必须引以为戒，最后再告诉父母正确的做法。

此外，一定要注意我们所写的不是原则性的大问题，而仅仅是提供一些预防发生或者可以让孩子变得更好的一些小建议。所以，在写亲子文的时候我们一定要从正面积极地引导，多用"更好一点""更有效一点"之类的措辞，少用"必须""如果不这样会害了孩子"等绝对性的语言。

亲子文和情感文最大的不同在于，亲子文根据孩子年龄的可分为三个阶段：0~3 岁、3~6 岁、6 岁以上。

二、0~3 岁孩子的特点

我们可以从认知、行为、心理等方面分析 0~3 岁孩子的特点。

1. 认知需求

随着年龄的增长，0~3 岁的孩子对社会和自我的认知逐渐发展起来，他们会慢慢地了解周围的世界，认识到妈妈和他人的区别。他们会越来越想要探究这个奇妙的世界，会经历所谓的"可怕的 2 岁"，完全以自我为中心。如果父母或养育者没有足够的育儿知识，就很难理解他们的真正需求或想要表达的情感。

2. 行为

婴儿从出生到会坐、爬、走、说话，再到会很多精细的动作，每一天他们都会发生变化。秩序、语言、书写等敏感期会逐渐开启，这就需要父母或养育者耐心地引导他们。

作为亲子文的写作者，我们仔细观察婴儿的行为，进而分析某些行

为背后的原因，这样才能给出更好的对策和建议。

3. 心理需求

0~3 岁的孩子在情感表达方面比较弱，如果写作者没有丰富的经验和一定的生理和心理学知识，也不去深入了解和仔细观察，就很难写好这个年龄阶段的亲子文。

很多写作者都会避开 0~2 岁这个年龄段的亲子文，而着重写 3 岁左右孩子的亲子文。但是，弗洛伊德曾说过，成年人所有的心理问题都可以追溯到童年时期。看上去不会对成年造成影响的 0~2 岁这个阶段，其实更值得我们关注和了解。

英国心理学家哈洛曾经做过一个比较残忍的实验——恒河猴实验。这个实验改变了很多人的育儿观念和育儿方式。

哈洛用铁丝做了两只猴妈妈：一只有铁丝，胸前有可以提供奶水的装置；另一只用绒布包裹但没有奶水。接着他把一群刚出生的恒河猴关进笼子里，和两只猴妈妈关在一起。几天之后，所有的猴宝宝都围绕着绒布猴妈妈，只有饿了才会去铁丝猴妈妈那里喝几口奶，喝完后赶紧跑回来紧紧抱住绒布猴妈妈。

这个实验告诉我们，在孩子成长的过程中，安全感、信任感、安全型依恋的产生都源自婴幼儿时期。孩子越小越需要更多的关注，因此，要想写好这个年龄阶段的亲子文，写作者应该了解一些发展心理学和儿童心理学方面的知识。

三、3~6 岁孩子的特点

3~6 岁的孩子可以比较完整地表达自己的想法。

从 3 岁开始，孩子一般都上幼儿园了，这意味着他们即将开始群体生活，开始更多地接触家人之外的人，如老师和同学。此时如果我们用心观察，就会发现许多有趣的事。

孩子们开始有很多疑问。例如，为什么老师知道我的名字，为什么同学的名字和我的不同，我很喜欢和某一个小朋友玩但他为什么不喜欢和我一起玩。

家长也开始有很多困扰，有些孩子不合群会哭闹，有些孩子仿佛天生就是"外交家"，有些孩子不喜欢上学，有些孩子天天想去幼儿园。

初学写作者应该了解与这些问题有关的知识和相应的解决办法，这样才能真正解答父母的困惑，写出来的文章才更有说服力。

四、6 岁以上孩子的特点

与上述两个阶段的孩子相比，6 岁以上的孩子已经懂得如何表达自己的想法和情感，我们可以和他们顺畅地交流，这就表明我们能更好地理解他们的内心需求。

6 岁以上包括小学、初中和高中三个年龄段，每个年龄段的孩子也各有不同的特点。例如，6~12 岁的孩子，父母考虑的问题是选校择校、基础知识的培养，各种特长的培训，培训费的高低等；而针对初中和高中的孩子，父母考虑更多的是青春期、成绩、升学、学习方法、耐挫力、社会交往等方面。

作为亲子文写作者，我们一直认为，育儿育己育心，亲子文写作必须措辞严谨、逻辑缜密。孩子的成长没有回头路，爸爸妈妈们对此持谨慎的态度，亲子文写作者更应该如此。一篇文章发出去，多则上万人阅读，少则几百人阅读，如果我们提出的观点或给出的建议有误，造成的后果就可能很严重。

因此，常怀敬畏之心，才能写出好文章。

第 2 节　亲子文的几大类型

亲子文的内容主要涉及科学育儿、育儿心得、育儿感悟、亲子教育方法分享等。从内容上看，亲子文主要分为科普类亲子文、情感类亲子文、观点类亲子文、教育类亲子文等。下面我们逐一讲解亲子文的这几大类型。

一、科普类亲子文

1. 科普类亲子文概述

科普类亲子文主要是向读者传递科学的育儿方法，大多数科普类亲子文针对的是 0~3 岁的孩子。科普类亲子文的内容比较广泛，包括宝宝的衣、食、住、行、健康、安全等。下面我们通过两个例子展示科普类亲子文的写法。

《宝宝辅食添加全攻略！新手爸妈注意收藏！》

很多新手爸爸妈妈给宝宝添加辅食时会有点不知所措。这篇文章就可以主要围绕不给宝宝添加辅食的危害，添加辅食的时间、顺序、种类、辅食制作的方法等几个方面进行详细的介绍。除此之外，也可以列出新手爸爸妈妈在辅食添加过程中容易犯的错误，这样读者看完这篇文章后就知道该怎样给宝宝添加辅食了。

《学步车能帮助走路？千万别买！》

宝宝在特定的时间段内会不会走路是衡量其发育是否良好的一项重要指标。有些爸爸妈妈为了让宝宝早点、快点学会走路，就给宝宝买学步车，但学步车不仅不能帮助宝宝学走路，还有可能对宝宝产生不利的影响。

这篇文章可以列出宝宝使用学步车的危害，然后提出教宝宝正确走路的方法，如多让宝宝扶着墙、床等练习走路。

除了上述与宝宝有关的衣、食、住、行等选题之外，宝宝的疾病预防、安全防护等内容也是科普类亲子文的范畴。例如，关于疾病方面的有手足口病、疱疹性咽峡炎、流感等疾病如何预防；关于宝宝安全方面的有饮食安全（1岁以内的宝宝不能吃哪些食物）、人身安全（宝宝坠床怎么办）等。

2. 科普类亲子文写作注意事项

在写科普类亲子文时，我们要注意以下几个方面。

第一、选题要针对爸爸妈妈们关心的问题进行策划。如果你就是一名宝妈或宝爸，可以先将自己养育孩子的过程中遇到的问题、困惑列出来，然后和其他宝妈宝爸们一起交流，由此找出大家最关心的话题。

第二、内容要以干货为主，故事为辅。科普类亲子文最主要的目的是告诉爸爸妈妈们如何科学育儿，所以实用性要强。

第三、语言必须严谨。科普类亲子文属于科普文，其内容必须专业、严谨，不能误导读者。即使你是相关领域的专业人士，对不确定的内容也须查实和考证，确保内容无误。

二、情感类亲子文

1. 情感类亲子文概述

情感类亲子文就是以抒发情感为主的亲子文。爸爸妈妈们在带孩子的过程中会有一些情感、情绪和感悟，有带孩子过程中的欣喜和劳累，有对孩子长大的不舍，有对孩子懂事的心疼……这些主题都可以成为情感类亲子文的选题。下面我们通过两个例子展示情感类亲子文的写作。

《孩子，我盼着你长大，又舍不得你长大》

在养育孩子的过程中，有些父母的内心总是很矛盾，一方面希望孩子快些长大，这样自己就不用那么辛苦了；另一方面又希望时间能够慢一些，害怕孩子长大后离开自己，自己会成为一个不被需要的人。

针对这种矛盾的心理，文章可以从日常生活中养育孩子的种种细节出发，用回忆的方式写出往日和孩子相处的画面。把带孩子过程中的辛酸、对孩子长大的不舍刻画出来。

《孩子到底有多爱你？看完泪奔……》

在日常生活中，我们总是强调父母对孩子的爱，却忽略了另外一种情况：孩子对父母的爱。文章可以从这一点出发，写孩子对父母的爱超乎人们的想象：

孩子因为爱我们，所以每天盼着我们回家，欢天喜地给我们开门，为我们换鞋子；

孩子因为爱我们，所以喜欢当我们的"跟屁虫"，我们走到哪里，他就跟到哪里，就连上厕所他都在门外守着；

孩子因为爱我们，所以我们不开心，他也不开心；

孩子因为爱我们，就算我们对着他大吼大叫，他也不记仇，很快就原谅我们；

……

文章可以从不同的角度写孩子对父母的包容和付出，从而烘托出孩子对父母的爱。

2. 情感类亲子文写作注意事项

情感类亲子文以情感烘托为主，我们在写情感类亲子文时要注意以下几点。

第一，选题要能引发读者的共鸣。情感类亲子文的选题一定要能引

发广大爸爸妈妈们的共鸣，切忌选题平淡，共鸣度低。

第二，故事要感人、灵动。 情感类亲子文中的故事要多进行细节描写和侧面烘托，要对能打动人的场景进行详细描写。孩子不经意的一句话、父母的一个常见动作有时也能拥有打动人的力量。

第三，素材要抓心。 在平时带孩子过程中，哪一个场面让你印象深刻，哪一个场面最能打动你，或者看到某件事、某部电影中的相关片段时感受很强烈，把相应的场景和感受记录下来，这就是真情实感。我们在写亲子文的时候，就可以运用这些场景，能打动自己的素材往往也能打动别人。

三、观点类亲子文

1. 观点类亲子文概述

观点类亲子文就是写作者围绕一个观点进行阐述和论证，这类文章在亲子文中的占比很大。下面我们通过两个例子展示观点类亲子文的写法。

《你不陪孩子，手机会去陪他……》

现在，手机已经成为人们必不可少的通信和社交工具。与此同时，孩子接触手机也越来越低龄化。孩子玩手机的一个重要原因是父母把手机当作哄孩子的神器，用手机代替自己的陪伴。

文章可以通过对这一现象进行描写，说明父母不陪孩子的危害，进而引出父母陪伴孩子的重要性。

《妈妈的"嘴"是家庭最好的风水》

妈妈的"嘴"指的是什么？指妈妈说的话。用这个标题是为了吸引读者的眼球，增强文章的可读性。文章可以通过一个反面案例表明妈妈不好好说话的危害：不仅伤害家人的感情，也会给孩子的心理带来不良影响。然后再通过正面的案例说明妈妈好好说话是孩子情绪的稳定器，也是家庭气氛的润滑剂，由此突出妈妈好好说话的重要性。

2. 观点类亲子文写作注意事项

第一，观点要明晰，避免模糊不清。观点类亲子文最重要的是阐述观点，所以我们在开篇写完案例后，一定要有一段总结性的话语，提出我们的观点。如果开篇没有提出观点，读者很可能在看完全文后抓不到重点。

第二，结构要紧凑，避免东拼西凑。观点类亲子文的结构很灵活，可以是并列式、递进式或者正反对比；但无论选择哪种结构，我们在写的时候一定要分清层次，切忌用案例或故事东拼西凑，影响观点的表达。

第三，素材要围绕观点展开。观点类亲子文中的所有分论点都要围绕观点展开，与观点无关的不要过多描述。特别是所用素材一定要紧扣小标题，围绕小标题的观点进行描写，切忌离题，导致素材论证不了观点。

四、教育类亲子文

1. 教育类亲子文概述

教育类亲子文主要是以教育干货分享为主，可以是教孩子如何进行时间管理、如何帮助孩子克服磨蹭的小毛病、如何提高孩子的记忆力、如何夸孩子、如何提高孩子的阅读能力等。和教育孩子有关的干货都可以成为教育类亲子文的主题。下面我们通过两个例子展示教育类亲子文的写法。

《孩子磨蹭让人挠破头？ 3 招教你搞定》

孩子写作业时磨磨蹭蹭，这对陪写作业的爸爸妈妈来说简直是一种折磨。文章可以从孩子写作业这一日常场景入手，然后总结孩子磨蹭的原因：孩子没有时间观念、孩子集中注意力的时间有限、父母在一旁玩手机、外界干扰多等。

针对孩子磨蹭的原因可以提出相应的措施：规定孩子写作业的时间，写不完就不能再写了；写作业的时候，不同科目的作业交替进行；孩子写作业时父母放下手机拿起书本阅读，为孩子树立一个榜样；给孩子营造一个适宜的学习环境，减少干扰等。

《孩子对看书没兴趣？ 4 招让他爱上阅读》

阅读能力对孩子来说是一项很重要的能力，爱阅读的孩子一般思维更活跃，知识面更广，解决问题的能力也更强。文章可以通过列举一个正面案例说明阅读的重要性，接着列出方法论：父母以身作则，营造良好的家庭阅读氛围；让孩子选择自己喜欢的书，提高阅读兴趣；举行家庭读书分享会；和孩子一起制订读书计划等。

2. 教育类亲子文写作注意事项

教育类亲子文以干货分享为主，我们在写作的时候要注意以下几点。

第一，干货要接地气，可操作性强。在写干货的时候，我们不仅要把深奥的内容用浅显的语言表达出来，还要确保干货的可操作性要强，具有一定的指导意义。

第二，素材要简洁、凝练。在教育类亲子文中，开头的素材是为了把读者带入相应的情境中，而素材是为了提升干货内容的可读性，所以素材要简洁、凝练，以免喧宾夺主，影响对干货的分享。

第三，选题要有普遍性。教育类亲子文的选题要有一定的代表性，适用于大多数父母。如果选题小众，那么大部分父母对我们所写的干货就不感兴趣，这样会影响文章的可读性和传播率。

科普类亲子文、情感类亲子文、观点类亲子文和教育类亲子文的侧重点不同，我们在写作的时候要明白不同类型文章的区别，把相应文章的特点表现出来。

第3节　掌握这几点，写出单篇稿费2000+的亲子文

随着竞争压力越来越大，再加上二胎政策的全面开放，对孩子及其教育的投资让爸爸妈妈们成为消费市场的主力军。

为了吸引和留住用户，越来越多的平台采取发布亲子文的方式增强粉丝的黏性，以达到后期转化的目的。因此，这些平台对亲子文的需求让亲子文的稿费排在所有类型的新媒体文章的前列。

对写作者来说，写好亲子文不仅能让写作者育儿先育己，同时还能得到一份不菲的稿酬收入，可以说两全其美。那么如何写出高质量的亲子文，进而获得更高的稿酬收入呢？

一、了解亲子文的读者

写新媒体文章的前提是要了解文章的读者是谁，只有把握好这一点，才能写出对读者有帮助、对社会有价值的好文章。

亲子文的读者主要是有孩子的人，如爸爸、妈妈，包括孩子的爷爷、奶奶、外公、外婆等。这些人在阅读亲子文时，首先想到的就是自己的孩子，他们关注的是文章的主题是否与自己当下的身份有关。

因此，在写亲子文时，我们首先要考虑读者希望看到什么，然后再去想如何写。

1. 选题方面

父母关注的问题大多与孩子有关，从生到养可能遇到的各种各样的问题，如身体、心理、学习、能力及亲子之间的关系等，都是可以写的话题。

2. 语言方面

写作者要注意对文章风格和内容的把控，语言不能太过严厉，更不能一味地批评、指责或说教，否则很难得到家长的认同。

3. 内容方面

写作者首先应考虑到现代人的生活很忙碌，尤其有了孩子后，他们一般利用零碎的时间阅读微信公众号上的文章，以快速了解和学习一些实用的育儿方法。这就意味着写亲子文切忌写一堆大道理，因为道理很多人都懂，最重要的是如何做。

二、把握亲子文的写作要点

1. 选题要小，格局要大

要想写好一篇亲子文，选题至关重要。和热点新闻或事件相比，生活中的素材更容易打动读者。但由于生活中的素材很常见，很多初学写作者在描写时容易出现平淡或代入感太强等情况。

因此，如果你的选题是生活中的小事，就要注意从细节、痛点入手以引发读者的共鸣，做到"小选题、大格局"。

例如，在《"妈妈，我不想学了"，你的回答可能改变孩子一生》一文中，作者就是通过描写日常生活中的一件小事引出文章的主题——当孩子不想上学时，父母的回答至关重要。这篇文章的开头如下。

送孩子上学的路上，遇见一位家长，正拖着孩子去学校。

孩子一路挣扎，用脚踢妈妈，一边号啕大哭，喊着"我不要去上学……"

"不去上学，你长大了能干吗？我可不是你姥姥，你不想上学，就同意你在家里玩！"

孩子还想扑腾反抗，但妈妈始终没有松手。

走到学校门口，孩子才老实了，灰溜溜地进了校门。

下面我们分析一下这个开头是如何做到"小选题、大格局"的。

第一，从细节、痛点入手。"拖着""用脚踢""号啕大哭""喊着""没有松手"……这样的细节描写非常符合孩子的特点，让读者立马想到自家的孩子；"孩子不想上学"让一些家长一直深感头疼，再加上隔代溺爱、家人对孩子的教育方式不一致，让年轻父母在看到这篇文章时仿佛一下子找到了知音，因此迫不及待地想看看具体的方法和建议。

第二，小选题。这篇文章的主题是父母如何教育孩子，但"教育"这个选题太大了，所以作者从"孩子不想上学"这一具体的小事出发，告诉家长遇到这类问题的时候应该如何做。

第三，大格局。针对每一件事情，写作者一定不能只关注表面，而是要看得更深、更远。例如，遇到孩子不想上学，我们的关注点不能只放在"这个孩子真不听话""这个妈妈很凶"这些表面问题上，要学会挖掘当事人行为背后的动机和意义。通过这样的分析，生活中的一件小事就会成为一个好选题。

2. 观点深刻，内容有料

将热点新闻或事件作为文章主题的切入点，在把握时效的基础上，文章的阅读量就会上升。但是，要想写出一篇高质量的热点类亲子文，就必须做到观点深刻、内容有料。

第一，观点深刻。 每一个热点新闻或事件发生时，就会引发广大网友的热评。作为写作者，我们不能人云亦云，而是探索热点新闻或事件背后的真相和社会意义，然后提出对家长或孩子有用的建议。

第二，内容有料。 正面的热点新闻或事件可以让亲子文读者从中找到学习的榜样；而负面的热点新闻或事件则可以让亲子文读者引以为戒。

3. 找共通话题，引发读者共鸣

什么是共通话题？例如，辅导作业、二胎妈妈、爸爸带娃等，对于大部分父母来说，这些都是共通的话题。

例如，对于"养孩子要花很多钱"这个话题，大部分爸爸妈妈都深有感触。《生娃后，我终于过上了"挥金如土"的生活》一文就以"再穷不能穷孩子"为主题，从不同的维度以自嘲的口吻描写现代家长的不易，引发了读者的共鸣。下面是这篇文章的主要内容。

- 饮食：没生孩子前，"只买对的，不买贵的"；有了孩子后，变成"看孩子想要啥"。
- 购物：给自己买东西，货比三家还嫌贵；给孩子买东西，价钱排在最末位。
- 教育：即使家长的工资不高，但都愿意给孩子报课外班。
- 娱乐：一到周末，孩子花钱猛如虎，账单长得捂不住。
- 总结：可怜天下父母心，养娃就是各种氪金。给孩子报最贵

的班，家长可以穿最便宜的衫，加最狠的班，参最便宜的团。

4. 内容要严谨，方法要科学

很多父母在看完亲子文后会反思自己的行为，也会试着用文中的方法和建议，所以在写亲子文时，写作者一定要注意表达的严谨性且方法论要具有科学性。

例如，我们在表达观点或讲述道理时，可以适当引用心理学、教育学等科学研究的数据，让文章具备较高的专业性，这样读者才能信服。要想做到这一点，写作者需要不断学习来提升自己。

5. 重视文章自检环节

要想写出一篇好文章，需要写作者认真对待每一个写作环节，尤其是在写完初稿后，必须对全文进行细致的检查和修改。

（1）文章的核心观点

- 是否有新意？

- 内容是否具有逻辑性？

- 是否有写作者自己的理解？

- 是否是大部分读者关注的内容？

（2）每一部分的小标题

- 是否能总结相应的内容，读者看完能否迅速了解这一部分的
  重点？

- 是否具备层次感，有没有将观点深入浅出地表达完整并给读者留下深刻的印象？

- 是否具备独立性，有没有与其他小标题重复？

- 表述是否清晰通顺，是否存在语言漏洞？

（3）素材

- 是否采用了不同种类的素材，有没有进行多角度论证？

- 重点不突出、容易被推翻的素材是否已删除？

- 素材与素材之间是否有一定的逻辑性？

- 每一个素材与主题之间有没有明显的相关性，在描写时是否重点突出与主题最相关的部分？

（4）论述部分（即用来引出和点明主题的个人总结和升华）

- 是否以素材作为原材料，加入自己的思考并进行拓展？

- 论据是否太多或太少？

- 对待专业名词、科学研究等是否进行加工？

- 主题是否得到升华？

第三部分

快速变现

第九章

公众号投稿

第1节　公众号投稿注意事项

近几年，新媒体的快速发展让写作这项技能变得更具实用性：着眼于当下，如果你擅长新媒体写作，不仅能拿到丰厚的稿酬，还可以胜任多种新兴职位，或者找到收入不菲的兼职；从长远出发，通过创作内容，你可能会拥有很多读者和粉丝，不仅可以提升个人的知名度，甚至打造个人品牌，收获长久的效益。

总之，写作变现对写作者来说可能不是唯一的目的，但确是对作者写作能力的认可。

本书前面所讲的有关新媒体写作的内容均以公众号平台为主，因此本节我们要讲的也是针对公众号的投稿。

一、了解公众号投稿

1.什么是公众号投稿

对于初学写作者来说，公众号投稿是写作变现最快的方式。具体的操作方法是写作者将自己所写的文章（Word 文档），通过邮件的形式发送到收稿平台的邮箱里，或者添加编辑的微信将文档直接发给对方。

平台收到投稿后会进行审核，如果审核通过则会联系作者，告知文章已收录并将于什么时候发布，同时会支付相应的稿酬。

我们需要注意的是，既然平台为作者支付稿费，就会有相应的要求，最基本的有以下两点。

第一，投稿文章没有在其他平台发布过。"其他平台"不仅指其他的公众号平台，还包括朋友圈、QQ 空间、微博等平台。因此，如果你选择投稿，那么文章的首发权一定要留给你投稿的平台。

第二，确保文章是原创。原创指的是文章里的每一句话都是作者自己创作出来的，如果有引用的内容，如名言警句、影视句台词等，必须注明来源或出处。抄袭和洗稿对写作者来说是大忌，一旦被平台发现，除了收回稿费、删除文章，对作者的名声也会有影响，甚至还有可能惹上官司，赔偿平台及被抄袭者的损失。

2.如何找到收稿的公众号

作为初学写作者，如何找到可以收稿的公众号呢？

一般来说，可以投稿的平台都会在公众号的菜单栏里设置"投稿"字样的选项，我们点击进去就会打开征稿链接；如果没有设置，我们可以在公众号的后台发送关键字，如"征稿""投稿"，如果该平台有需求就会跳出有关的征稿链接和联系方式。

此外，还有专门发布"征稿公众号"信息的公众号，这种类型的公众号会定时更新不同平台的征稿信息。

还有一些公众号是编辑直接约稿，如果你经常在某个平台上稿且文章质量不错，阅读量也有保证的话，编辑就会主动向你约稿。

初学写作者在前期可以先向小平台投稿，等写作能力和文章质量有一定的提升后再尝试向大平台投稿。

对于写作者来说，单篇稿费从 50 元到 100 元，再到 300 元、500 元、1 000 元……这是一个必经的过程，千万不要看别人拿的稿费高，自己就暗自灰心。

写作是一项需要不断精进的技能，放平心态、不断学习才是我们最应该关注的事。

二、公众号投稿的注意事项

1. 了解公众号平台

在找工作之前，我们会先了解自己即将应聘的公司、职位，这样被录用的可能性才会更大，公众号投稿也是如此。

写作者要想提升自己的上稿率，首先要对所投稿的平台进行研究。文章能不能过稿，不仅取决于内容质量，如果忽略了以下几点，即使你的文章写得再好，也可能不会过稿。

第一，平台需求。不同的公众号有不同的需求，其基本要求一般体现在征稿函上。例如，某公众号平台的征稿函如下。

稿件要求：亲子育儿、婚姻情感、家庭关系等主题的文章、漫画，文章字数以 2 500~3 000 字为佳。

可见，该平台对文章主题和字数均有限制，如果你投递的是一篇职场文，即使内容再好，这个平台也不会收录。

目前，大部分公众号对文章字数的要求是 2 500 字左右，除非文章的内容特别好，对方才有可能不考虑字数先收稿，然后在发布前进行适当的调整。如果你忽略了这一细节，就会影响过稿率。

第二，平台调性。公众号平台的调性不会在征稿函上直接写出来。一般来说，如果你想要了解一个平台的调性，可以研究该平台往期发布的原创文章，数量是至少 10~20 篇。你可以通过拆解文章的方式了解该平台收录的文章有哪些共同点。在了解了这些关键信息后，当你再写文章投到这个平台时，上稿的概率就会更大一些。

在研究平台的调性时，包括但不限于以下几个方面。

一是风格。每一个公众号都有自己独特的风格。比如，有的公众号发布的文章以搞笑、生活化的描写风格为主，要求作者通过描写身边的小事以引发读者的共鸣；而有的公众号则注重作者能否结合热点新闻或事件、调查数据、专业的理论分析等内容凸显文章内容的深度；还有的平台喜欢以明星、名人为主题的文章。由此可见，我们只有了解了不同平台的风格，才能知道自己所写的文章是否适合这个平台。

二是读者画像。每一个公众号都有专属于自己平台的读者群体。比如，有的平台发布的文章以 0~3 岁的育儿内容为主，由此可知该平台的读者大部分是新手爸爸妈妈。如果你写了一篇以"提高孩子学习成绩"为主题的文章，就不适合投到这个平台。有的平台要求文章内容以"学业成绩、人文素养、心理健康、生涯规划、亲子关系"为主，这类平台的读者大部分是中小学生的父母。了解了平台的读者画像，我们对该平台的定位就很清晰了。

三是重复推送。有些写作者在投稿时收到过这样的回复：

文章质量不错，但此前有同命题稿件上稿，谢谢您的投稿，欢迎关注我们的公众号，静候您再次投稿。

这是因为写作者提前没有研究过投稿平台，导致一篇质量不错的文章错失了最佳的投稿时机。

2. 邮箱投稿

在文章定稿后，我们要把文章发送到公众号的投稿邮箱里等待审核，在发送投稿邮件时，也有一些注意事项。

一是邮件及投稿文档的命名格式。如果你是通过邮件投稿，发送邮件前首先要检查 Word 文档的命名是否正确，如"投稿 + 笔名 + 文章标题"；其次，要在邮件的主题栏同样注明"投稿 + 笔名 + 文章标题"，如果是热点文章要标注为"[热点] + 投稿 + 笔名 + 文章标题"。

例如，一木在写完文章《被语言暴力毁掉的中国孩子》后准备投稿，首先她要把文章的 Word 文档命名为"投稿 + 一木 +《被语言暴力毁掉的中国孩子》"，然后在邮件的主题栏写上"投稿 + 一木 +《被语言暴力毁掉的中国孩子》"。编辑看到之后就明白这是一封需要审核的投稿邮件，如果编辑想把文章下载下来看，也可以清晰地看到这个文档的基本信息，而无需再重新命名。

二是邮件中要备注联系方式。如果是通过电子邮件投稿，我们要在文档和邮件正文里写清楚自己的联系方式。试想一下，编辑每天可能会收到上百封投稿邮件，如果对方打算录用你的文章，但却没有找到作者的联系方式，那么他们可能就会弃稿。

三是邮件正文的内容。一般来说，通过邮箱投稿是将 Word 文档以附件的形式发给平台，但也要查看公众号的征稿函里有没有提到"文章的正文内容需要同时复制粘贴到邮件正文中"。

除此之外，在投稿时，不能一稿多投。除非平台明确回复你所投的文章被拒，或是超过了回复时间平台还没有回复，这时你才能将自己的文章投到其他公众号。

3.对接编辑

除了邮件投稿外，还有一种方式是直接对接公众号平台的编辑。如果是这种情况，如何和编辑沟通就显得至关重要。

作为写作者，和编辑保持联系可能有利于上稿。当然，这并不意味着"走后门"，而是你和编辑联系的越多，你所写文章的内容、风格可能会更适合对方的平台。

第一，沟通选题。如果写作者能直接和平台的编辑取得联系，在写文章之前就可以主动和编辑沟通，询问最近平台需要什么类型选题的文章。尤其在编辑开完选题会后，多询问对方对选题的需求，这样

可以大幅度提高过稿的可能性。或者写作者自己感觉某个选题很不错，可以先发给编辑把关，询问对方这个选题是否可以写。

第二，修改文章。编辑是写作者文章的第一位正式读者，遇到一位负责任的编辑，写作者的写作水平和上稿能力就有可能获得飞速的进步。因为对方在审稿时会告诉你文章写得好不好，存在哪些问题，需要改进的地方等。

因此，写作者应和各个平台的编辑保持沟通，并且按时交稿和认真修改文章。

第 2 节　把握这三点，提高中稿率

如果你想通过新媒体写作变现，除了关注文章的质量外，还有一些实用的小技巧。下面我们重点分享三个技巧，帮助你提高中稿率。

一、对文章进行深度自检

在第四章中，我们向大家介绍了修改文章的方法。按照这些要求修改，最后的文章无论在结构、素材、标题，还是在语言上，都达到了一个新的高度，但在投稿之前，我们还需对以下要素进行深度自检。

1.是否有备选标题

备选标题就是除了目前拟定的标题外，还需要拟两三个标题作为备选。为什么要加上备选标题呢？因为编辑一打开你的投稿，首先看到

的就是标题。如果标题过于平淡，你的文章就很有可能被直接淘汰。

如何添加备选标题呢？方法就是直接在目前拟定的标题下方加上即可，例如：

标题：《中国小将主动承认犯规上热搜：那些敢于认错的孩子，后来怎样了？》

备选标题1：《中国小将主动承认犯规上热搜：孩子不认错，父母做到4点很重要！》

备选标题2：《中国小将承认犯规火了：犯错并不可怕，可怕的是……》

备选标题3：《中国小将犯规后，他这一举动得到众人怒赞！》

加上2~3个备选标题供编辑选择，如果备选标题出彩，能打动编辑，文章的录用率也会相应提高。

2.是否引用相关理论

一篇好的新媒体文章，除了观点出彩外，还需要写作者对观点进行深度剖析。在剖析观点时要有相应的理论作为支撑，以使文章更有深度和说服力。

在检查文章时，我们要注意整篇文章有没有引用理论。一般来说，一篇新媒体文章引用的理论一般是3~5个。理论引用可以是与文章主题相关某本书中的话，也可以是相关领域的专家说的话。

3. 语言是否简洁

我们在前文中提到，一篇新媒体文章的字数是 1 800~3 000 字，这就要求文章的语言简洁凝练、不拖泥带水。在阐述某件事时，写作者要抓住重点，把重要的信息呈现出来，其他不相关的内容尽可能简单论述。句式以短句为主，避免出现较多的长句和难句。下面是一个把长句改成短句的例子。

原句：来自甘肃贫困县的张薇在首次去省城参加比赛时竟因没见过比赛用的仪器导致时间都耗在寻找开关上因此备受打击。（长句）

改后：张薇来自甘肃某贫困县，她第一次去省城参加比赛时，因为没见到过比赛用的仪器，连开关都找不到。当她终于找到开关时，比赛已经结束了。她因此备受打击。（短句）

4. 是否及时修改文档的标题

文档的标题是否规范也会影响中稿率。文档标题需要表明意图、作者和题目，让人看后一目了然。在格式上，可采用前面提到的"投稿 + 作者姓名 + 文章标题"形式。

二、排版上不可忽略的几个细节

新媒体文章大多发表在公众号上，大家一般通过手机看这些文章，所以在排版上除了第四章中讲到的字体和字号等内容外，还有几个细节需要注意一下。

1. 段落行数

以五号字体为例，为了方便读者阅读，段落的行数最好控制在 3~4 行，段前顶格，长句可以简化成短句，长段可以拆分成 2~3 段。

2. 图片、视频的排版格式

大多数新媒体文章会配上相关的图片，涉及视频的还需要插入相关视频，我们的稿件是文档格式，图片和视频该怎么处理呢？

截图或图片要清晰，没有任何水印，图片大小和文字排版协调。此外，图片要放在两段文字之间，不能镶嵌在一段文字中间，图片的前后和正文要空一行。

如果文章中有引用视频，则需要截取视频中的相关画面并放在文档中。由于发布文章时需要插入相关链接，所以我们还需要在对应的截图后面附上视频链接。

3. 小标题、金句加粗

文章的小标题和金句是一篇文章的重点。编辑收到稿件后，首先看标题，其次是看小标题和金句。如何让编辑一眼就看到小标题和金句呢？最好的方法就是把它们加粗。

4. 作者简介

对于初学写作者来说，最容易遗漏的就是文末的作者简介。虽然文章大标题下面注明了作者的名字，但作者的个人简介还需要在文末呈现一下。

三、善于追热点

一个热点新闻或事件出来后，如果你能够快速提炼观点并成稿，稿件的录用率就会大大提高。因为热点新闻或事件一出来，很多公众号都会发布相关的文章，稿件的需求量就会很大。要想提高中稿率，及时追热点也是一个有效的途径。

此外，由于名人自带流量，所以在写文章的时候我们可以用有关名人的新闻作为引入，这在一定程度上也能提高中稿率。但是，在追热点的过程中需要注意以下几点。

1.如何快速查看热点及热点动态

大家都知道通过微博热搜可以实时查看热点。除了微博热搜外，还有一些平台可以查看热点。

- 今日热榜：囊括微博、知乎、微信、百度热搜，主要提供当日的实时热点。

- 新榜：可以提供微信、微博、头条号、抖音等平台及文化、百科、健康、时尚、美食等分领域的榜单。

- 百度风云榜：打开百度风云榜的网页，点击"热点"选项，我们就可以看到实时热点、今日热点、七日热点，还有民生热点、娱乐热点、体育热点等。点击"娱乐"选项，可以查看目前比较火的电影、电视剧、综艺节目等。

- 搜狗热搜榜：可以查看实时热点和七日热点，同时也能搜索到目前比较火的电影、电视剧、综艺节目等。

2. 热点的时效性

当热点新闻或事件出来后，成文越快越好。但对于初学写作者来说，在短短几小时内成文、修改并投稿有一定的难度。那么，对于新媒体文章的写作者而言，是不是一天之内追不上热点就不用追了呢？这要视情况而定。对于追热点的时效性，主要取决于两点：一是要投稿的公众号有没有类似的文章，二是热点新闻或事件自身的热度。

文章成稿后如果你打算向某个公众号投稿，可以事先看一下该公众号有没有发布与该热点新闻或事件有关的文章，如果尚未发布，就可以投稿。如果你一直与该公众号的编辑有联系，也可以向编辑咨询，该热点新闻或事件是否已有相应的稿件，如果没有就可以投稿。当然，一般情况下，热点新闻或事件出来后，3 天之内都可以追着这个热点写文章，超过 3 天甚至一周后的稿件，投稿成功的概率就会大大降低。

如何判断热点新闻或事件的热度？在新榜的网页上，"数据服务"的下拉菜单里有一个关于"趋势查询"的选项，点击进去并输入相应的热点内容，就能看到热点目前的情况。如果你输入一个热点新闻或事件，看到该热点已于前几天达到了顶峰，这就说明再写与此热点有关的文章就没有太大的意义了。

类似新榜的指数类网站有百度指数、头条指数、360 趋势等，同样可以查看热点的热度走向。

3.追热点的技巧

针对新媒体写作，追热点新闻或事件讲究快、狠、准。热点一出来，最好暂停手头上的其他文章，快速查看热点，了解事情发生的始末，找到最合适的切入点并形成大纲。

对于初学写作者来说，写一篇文章需要 2~3 天，是不是就不能追热点新闻或事件了呢？答案是不一定。在这里告诉大家一个技巧，就是善于"移花接木"。移花接木就是将自己之前写的未发表的常规文章置换成热点文章。热点文章和常规文章最大的区别就是开头不同，热点文章的开头是热点引入，而常规文章的开头是日常案例引入。

所以，当热点新闻或事件出来后，假如我们手头上正好有已经成稿的常规文章，就可以与热点新闻或事件进行对比，看看能不能将开头换成该热点新闻或事件。如果可以，成稿的速度就会很快。

无论我们是巧追热点，还是精心排版、仔细检查，都是为了让自己的文章可读性更强和更快过稿。正所谓，细节决定一切，写文章也一样，在细节上下功夫，把文章打造得更好，中稿率也会更高。

第十章

文案变现

第1节　一字千金的硬广文案这样写

新媒体时代是写作者的黄金时代。无论是写亲子文、观点文、情感文，还是写文案，甚至在悟空、知乎等平台上做问答，都能带来一定的收益。

曾有人说过这样一句话：对于普通人而言，写作是快速成长的捷径，而写作最低的门槛则是写文案。

写文案不同于写文章，不需要你博览群书，也不要求你有深厚的文字功底，只要你踏踏实实地去分析和打磨，就能学会写文案的技巧。

对于新媒体从业者、微商、职场白领而言，如果会写文案，就比别人多掌握一门技能。

一、什么是"硬广"

所谓"硬广"，就是直接告诉消费者"我"要卖什么，是一种很直

白的宣传。

商家需要在各个平台投放自己的产品广告，打造品牌形象，而公众号就属于能给商家的产品带来曝光和流量的平台之一。然而，在一些公众号投放一条广告的费用不低，因此如果想产生一定的宣传效果，文案的内容就显得十分重要。

文案源于广告行业，也是广告文案的简称，就是通过文字表现创意策略。一般由标题、副标题、广告正文、广告口号几部分组成。

从广义上讲，广告文案指广告作品的全部内容，不仅包括文字，还有插图等；从狭义上讲，广告文案仅指广告作品的文字部分。

从商业的角度看，一篇精彩的文案不仅能促进产品的推广和销售，还能宣传品牌形象，打造品牌的影响力。

二、硬广的语言特征

我们在报纸、杂志、电视、广播等传统媒体上看到的那些单纯宣传产品的广告，就属于硬广，比如下面这些广告语。

今年过年不收礼，收礼只收脑白金。

怕上火，喝王老吉。

有问题，上知乎。

农夫山泉有点甜。

为什么这些广告语能传遍大江南北，只要我们听到前奏就知道是哪种商品的广告？因为这些广告语朗朗上口，比较容易记忆。因此，越简单、越容易被人记住的广告就越好。

三、好的硬广构成要素

1. 创意

创意永远是硬广文案的灵魂，那怎样才能拥有好的创意呢？

- 头脑风暴。好的创意大多是团队不断进行头脑风暴想出来的。
- 用 SWOT 分析法找到自己的优势，避开自己的劣势。从产品出发，罗列产品的优点，再从每个点出发进行延伸讨论。
- 随时记录。留心生活中的每个小细节并记录下来，反复琢磨，找出痛点和笑点。

2. 包装精美

精美的包装能让硬广更具有吸引力。例如，日本的大米包装袋的风格都很极简，让人过目不忘，一篇硬广同样如此。接地气而不失优雅的语言和精美的版面设计都能提升整个文案的美感。

3. 痛点罗列

好的广告能够击中目标群体的痛点。例如，针对年轻人，可以把其人前的光鲜靓丽和人后的艰辛生存表现出来。此外，还可以挖掘与他们有关的生存之痛、自尊受挫之痛、思而不得之痛、婆媳关系紧张之痛、"丧偶式"家庭之痛等。

把这些痛点一一罗列，再找一些好的素材和展现方法，文案就会更加深入人心，给人留下深刻的印象。

4. 解决方案

好的广告能带给目标群体一种正能量，让他们相信只要不断向前，生活就会更好，努力终会得到回报，因此在文案中一定要体现解决办法。

例如，怕上火喝王老吉，喝王老吉就是解决办法；农夫山泉有点甜，本身就是一个解决口渴问题的方法。

5. 内容介绍

虽然强调包装和创意，但文案的内容质量是重点。

例如，江小白的文案就戳中了一部分人的内心，不仅有感情、有温度，而且有意思。

愿十年之后，我还给你倒酒，愿十年后，我们还是老友。
青春不是一段时光，而是一群人。
酒后吐出的真言，清醒时已经在心里说过千万遍。

寥寥数字，每一句话都很有画面感，让人从这些文字中联想到诸多的故事和感人的画面。

6. 名人背书

在硬广里，如果有名人、大咖来为产品背书，目标群体对产品的信任度就会大大提高。找名人背书的最大好处就是名人自带流量，能够增加销量。

7. 关键因素反复强调

在公众号上发布硬广，价格、联系方式等一定要在文案里至少出现三次，因为一般人在看文章时，记忆只有三秒，看了后面的内容就可能忘记前面的内容，反复出现可以不断提醒读者并引起他们的注意。

8. 价格和优惠信息

在公众号的文案中，价格和优惠信息必须醒目。

例如，原价 199 元，现在只要 99 元。但也不能降得太低，否则读者会怀疑产品的品质和价值，一般 4.5 折是最适当的价格。

9. 评价和适用人群

如何让陌生人相信你？一个人说好没有用，一群人说好才是真的好。如果针对某一商品，展现在你眼前的是 100 个人的好评，那么其可信度就会大大提升。

同时，在推广时我们也要进行筛选，在整个客户群中找到精准的人群。

要想写出好的硬广，一定要做好充足的准备和策划。在写文案的路上，只有开始没有结束。

第 2 节　一学就会的爆款软文写作模板

你有没有过这样的经历：看到一篇文章的标题特别吸引人，你点进去津津有味地阅读起来，到最后才发现竟然是为了推销某款商品。

这种通过文章的铺垫引出广告的文案就是软性广告，即软文。一篇好的爆款软文，不仅文章内容写得好，甚至连广告也可以成为文章的亮点或笑点。

一、强大的软文营销

与硬广相比，软文更讲究"软"，将含有广告的文章春风化雨、润物无声般植入读者的内心，在引起读者共鸣的同时引导人们购买相应的产品。

一般来说，软文的成本比视频广告要低，感染力比视频广告稍弱一点，但效果比视频广告要好。

例如，某公众号为一种可倒立的伞做了软文推广，99 元 1 把，169 元 2 把，有一个人在看完软文后买了 10 把送同事、朋友。当天，这把伞的文案在推送后的 2 小时内成交额超过百万。

二、软文写作前的准备工作

在写软文之前，我们要清楚以下几个方面的内容。

- 产品定性分析
- 商家的具体要求和公众号平台的调性

- 产品价格

- 目标客户群体

在了解上述内容后，再充分和商家进行沟通，了解商家想要展现的是什么。

只有掌握了这些信息，我们对产品的认识才会变得丰满而全面，才有可能写出爆款软文。

三、爆款软文的基本写作方法

1.爆款选题策划

当我们充分了解产品后，并且做好了必要的准备工作，然后从之前做的爆款选题库中找出契合的选题并一一罗列出来，最后将产品、平台调性和商家的要求一并考虑进去。

例如，写纸尿裤的选题，可以从婚姻、婆媳关系、亲子关系、育儿等方面作为切入点。

2.拟出适合平台调性的文章结构

新媒体文章的结构必须结合平台的调性。例如，很多情感类公众号的文章大多是总 – 分 – 总结构，而育儿类公众号的文章基本采用递进式结构。因此，我们需要研究相应平台的调性，所拟定的文章结构要符合平台的调性。

此外，在写作过程中我们要不断调整和优化，特别是写完每段或一部分内容后，要看看前后内容是否一致，结构是否合理。

一般来说，软文的结构比例是正常新媒体文章占二分之一，广告内容占二分之一。

3. 寻找爆款素材

找到了爆款选题，确定了文章的结构，就像一棵树有了主干和支干，添上叶子和果实就会使这棵树变得立体和丰满。至于如何寻找爆款素材，读者可参考本书第二章的内容。

找到爆款素材后，如何将素材写得生动形象、富有情感？此时场景化写作就必不可少，对此我们在前文中也详细阐述了，不再赘述。

4. 找到文章和广告之间的过渡点

当把该表达的情绪描写完后，就需要用承前启后的句式转入广告部分。此时的转折非常重要，它在很大程度上影响了转化和转发。

转折不一定是句子，也可以是一个故事。例如，有关纸尿裤的软文就可以以名人为例。Facebook 创始人扎克伯格和马龙就能做到 10 秒给孩子换纸尿裤。把名人等换纸尿裤的故事简短地介绍一下，再重点过渡到 10 秒换纸尿裤，就能顺其自然地带出广告，大家也想知道有关纸尿裤的巧妙设计、选纸尿裤应该避开哪些"坑"等。

四、爆款软文写作技巧

要想写出爆款软文，我们首先要拉近和读者的距离，找到共同的语言。下面向大家分享一个小故事。

有一次我们去长城，从故宫到长城有将近 2 小时的车程。导游年纪略大，微胖，脸上总是带着微笑，口才极好。在去长城的路上她用了 1 小时向车上的游客讲述老北京的故事，从明清时期的文化和艺术讲到新中国成立后故宫的文物珍品。

接下来的半小时，导游开始讲述方和圆在北京城的老建筑上的运用和讲究，并且举了很多例子告诉游客为人处事的方法和道理。

最后半小时，她开始说玉的用处及其与方和圆的关系。这时候我们才恍然大悟，原来她之前讲了那么多都是为了一件事——卖玉。

据导游自己说，她每天都能完成卖 10 万元的玉这一目标。

一篇好的软文和上述导游的游说在原则上是一致的：先抓住痛点，再找到关键的切入口，然后被他人接纳和认可，最后成交。

软文营销的核心在于用最柔软的方式狠击人们的痛点，这也就意味着需要布置两条线。

1. 柔软的明线

策划的选题要看上去与广告无关，不仅无关有时甚至背道而驰。这个时候离广告越远，最后转折就会越大，给读者的冲击力也会越强，其接受广告的可能性也会越大。

如果读者一眼就看出文章的内容是一篇广告，那么很多人就会弃文，除非是目标用户和铁杆粉丝。

2. 暗线，即广告

暗线埋得越深，反转的效果就越好。

例如，你想给读者介绍一款线上英语课，直接售卖课程可能会引发大家的抵触情绪，导致阅读量极低。所以在铺垫时，一定不能出现"英语课"甚至"英语"等字眼。

但是，你可以通过现在的教育成本、父母辗转数十公里只为不让孩子输在起跑线上的痛点，以此告诉父母，线上课比线下课效果更好且性价比更高，不用每天跑来跑去，节省了很多时间，家长和孩子也不会那么累。

时间成本和费用正好是很多父母的痛点，线上课程正好解决了这两个问题。此时再抛出英语课，大家就觉得孩子在家就能学英语也挺好。

因此，只有这两条线都打理好，软文就有可能成为爆款。

第3节　朋友圈、微博、小红书的文案写作技巧

在新媒体时代，掌握内容创作技巧的写作者不仅能靠写新媒体文章、文案获得一定的稿酬，还可以通过其他的方式实现写作变现。

一、朋友圈文案

虽然公众号的打开率越来越低，但人们刷朋友圈的热情并未减退。

和公众号相比，朋友圈具备即时互动、感情链接、信任背书等特点。有调查显示，朋友圈的成交率是公众号的 5 倍。

说起朋友圈成交，大部分人可能会想到微商，但也有一部分人对微商的印象不好。事实上，每个人都需要打造好自己的朋友圈，因为这不仅能转化为成交率，还能帮助我们打造个人品牌、链接大咖聊合作

或者开启新的副业。

就像我们的写作课程，每期的招生都在朋友圈进行，很少在各大公众号上投放。刚开始时，虽然我们的课程没有任何名气，但通过在朋友圈宣传，短短三天内报名人数就爆满。

因此，打造好自己的朋友圈，并且根据不同的需求创作相应的朋友圈文案，就有可能获得不错的收益。要想做到这一点，你需注意以下三个方面的内容。

1. 打造人设，形成影响力

所谓"人设"就是你留给别人的印象。在朋友圈打造自己的人设，可以让没有见过你的人认识你、了解你。

例如，一木的姐姐喜欢做甜品并且卖自己做的甜品，她在烘焙的过程中坚持用好原料且纯手工、无添加。因此，她在朋友圈发布的内容，大多以做甜品的过程为主，包括介绍自己做的甜品与其他同类型产品的口感、价格、原料的不同，以及大家吃完她做的甜品后的反应和每日最新的活动等。

即使你没见过她，但通过她发的朋友圈就会对她留下一个基本的印象。之后，如果你想买一款健康又美味的甜品，很有可能首先会想到她。

同理，我们三个人的朋友圈以新媒体写作为主，当你想学写作或你身边的人想学写作时，那你可能会立马想到翻看我们的朋友圈。这是因为我们在朋友圈所发的内容，始终围绕着一个主题，长此以往就给他人留下一个深刻的印象，这就是通过朋友圈文案打造出来的人设。

如果你还没有自己的人设，可以通过自己擅长的事（如演讲、写作、养生、瘦身等）、感兴趣的领域（如育儿、设计、手工、心理等）、独特的性格或习惯（如幽默、健身等）给自己一个定位，并一以贯之发布相关的朋友圈，让他人一提到某样东西就能想到你。

2. 把握发朋友圈的内容和节奏

随着微信好友越来越多，要想让发布的朋友圈被更多的人刷到且不引起他人的反感是一件非常重要的事。试想一下，你最不喜欢在自己的朋友圈中刷到什么样的内容？

纯广告

求点赞

求转发

没有价值的链接

看不懂的内容

……

同理，我们在发朋友圈时，就要注意规避上述内容。

我们可以每天发布 2~4 条朋友圈，并结合日常人们刷手机的习惯，在中午 12:00~1:00、18:00~20:00、21:00~22:00 这些时间段发布，保证朋友圈文案的内容不刷屏、不单一、不跑偏，这样才有可能打造出一个立体、有价值、让更多人及时看到的朋友圈。

3. 洞察用户心理，写走心的文案

要想打造好朋友圈，我们发布的朋友圈的内容就不能太随便，也不能太明显。如果别人看完后是警戒和防备的心理，朋友圈文案就很难起到作用。

那么，如何写出走心的朋友圈文案，引起他人的关注呢？

一是明确自己的朋友圈内容是什么类型的。例如，分享生活类、个人提升类、展现专业类、介绍产品类、用户反馈类等。

二是根据特定类型的朋友圈内容，结合重点、亮点、关注点创作具体的文案，下面我们以展现专业类为例展示一下。

重点：具体、专业、有成效。

亮点：你的专业能解决什么问题，能达到什么样的效果。

关注点：你能帮助的对象具体是哪一类人群。

重视朋友圈的打造和经营，不仅能让我们收获更多的"点赞"，还能最大限度地激活自己的朋友圈，拥有高价值的流量池，实现高转化和高成交。

二、微博文案

日活量过亿的微博平台是超级流量的聚集地，与其他平台相比，微博的曝光率更大、受众面更广。如果你想通过微博进行引流、涨粉、变现，就要掌握微博文案的创作技巧。微博文案通常涉及以下几个方面的内容。

1. 分享新鲜事（即发布微博）

例如，之前中国男篮对战尼日利亚队，易建联拼红了眼还是未能挽回败局，当天比赛结束后，我们发布了一条微博，内容主要是写自己和身边的人对此的反应、比赛的过程以及对中国男篮的评价和分析，并添加了＃易建联太拼＃和＃姚明哭了＃两个话题。

当天，这两个话题一直占据微博热搜排行榜的前列，最后我们发布的这条微博的阅读量竟高达几十万，再加上很多网友的评论和互动，最终涨粉上百人。

因此，在发布微博时，我们可以通过借助热点并添加话题，以热搜关键词为主，同时用上 @ 功能（@ 大 V 或自己的好友）实现互动。

2. 话题讨论 + 评论

通过参与热点话题的讨论及在热点微博下面进行评论和互动，也可以增加我们自己的微博账号的曝光率。但前提是，我们要输出有意义且与别人不同的观点，这样才能吸引大家的注意。

3. 活动策划

在微博上，转发抽奖是一项操作简单且广受欢迎的活动，通过策划类似的活动，可以达到快速涨粉、增强粉丝黏性的效果，有利于后期的转化。微博抽奖文案需重点突出话题、奖励及开奖方式。

4. 头条文章、微博问答

我们可以开通头条文章中"关注可观看全文"的功能，这样我们发布的原创文章就很有可能吸引大量的粉丝。

微博问答是通过回答别人的问题引发关注，做得好的话还能拿到相关的问答收益。

总之，运营好微博号，不仅能增加曝光率和涨粉，还能通过关联淘宝直接变现，如果能引流至个人微信，也可以进行更深入的链接和转化。

三、小红书文案

随着用户规模的不断扩大，小红书涉及的领域也越来越广。

从护肤、彩妆、养生保健，到穿搭、母婴、家居、数码家电，再到美食、运动、宠物等，应有尽有。另外，不少明星、达人也会在小红书上分享自己用的东西，用户还可以直接购买很多低于市面价格的福利商品。因此，小红书逐渐成为很多女性偏爱的平台。

小红书文案的创作有其独特的特点，下面我们简单介绍一下。

1. 种草测评类

种草测评类文案以号主的亲身试用为主，通过描写不同产品的使用方法、感受、收获等，进而推荐某个产品。

例如，小红书上某博主想推荐一款面膜，这款面膜在市面上已有一定的知名度，这时如果她只说这款面膜有多好，就不足以吸引大家的注意力。

因此这位博主的种草文案从"你真的用对这款面膜了吗"入手，吸引了 3 万多名用户的关注。

标题：×× 面膜的正确打开方式，方法不对等于白敷！

具体内容如下。

- 第一句：亲身讲解××面膜的正确使用方法。（表明自己使用过，增强用户的信任感）

- 第二句：以前很少敷面膜，导致脸上经常长痘痘、闭口粉刺……（皮肤不好的各种表现，引发用户的共鸣）

- 第三句：自从入手了××面膜，觉得敷完后脸很干、很难洗掉……（先说这个面膜不好用，减少大家的抵触情绪）后来才发现是自己敷的方法不对。用了朋友推荐的方法后，敷同款面膜后皮肤白了很多，补水、保湿又养肤……（欲扬先抑，告诉已经购买过的人，不是面膜不好而是使用方法不对）

- 第四句：今天和大家讲一讲正确的用法。第一步……第二步……第三步……坚持一两周，不仅皮肤变白了，也不像以前那样经常出油了。

- 第五句：最后，教大家如何鉴别该款面膜的真假……

- 第六句：好皮肤都是养出来的，敷对了面膜事半功倍哦！

最后博主又配上自己亲身示范的图片，让很多不打算买面膜的用户都忍不住下单了。

从这个案例中我们可以看出，写种草测评类文案时一定要从以下几个方面着手。

（1）标题要简短、吸引人

- 扎心反问式：××，你真的用对了吗？/××真的好用吗？/

××你真的选对了吗？

- 测评排雷式：一分钟教你挑××，避开雷区！/××测评盘点，让你一分钟找到适合自己的！/20款××测评分享，这3个好用不贵，值得一直回购！

- 分析总结式：×××推荐，小众但好用的×××/吐血总结，×××最全科普/××攻略秘籍，双十二这类产品怎么买？

（2）结构完整

- 这类产品对自己的重要性。

- 做本款产品测评的原因。

- 对本款产品的最初印象。

- 本款产品的使用方法。

- 本款产品使用前后的对比。

- 如何买到正品。

（3）语言要接地气

- 以自己的真实感受为主。

- 给人一种在跟朋友聊天的感觉。

- 多以细节描写为主。

（4）配图要贴切

- 清晰完整，配上相应的文字。

- 图片的顺序要和文案内容相匹配。

2. 广告类

广告类文案以直接宣传产品为主，让用户看完就想直接下单。一般来说，这类文案更考验写作者的文案功底，尤其是商品栏中产品的标题。例如，下面两个例子是同一款产品用不同的标题呈见。

（1）××牌瘦身霜

- S曲线睡出来·夜间纤体瘦身霜400ml法国。

- ××夜间瘦身霜，法国新包装××牌夜间、加强、身体霜、全身、400ml。

（2）××牌眼霜

- 便宜、好用、长久滋润·××眼霜15ml。

- ××眼霜15ml滋润、保湿、补水、紧皱眼霜、学生、黑眼圈、淡化。

上述两个例子中的标题哪个更吸引你？相信大多数的人都会选择第一个，因为第一个标题足够醒目且重点突出。

因此，在写商品栏产品的标题时要注意把握以下几点。

第一，字数简短。标题字数越简短，越能在一瞬间吸引读者，字数太多反而是累赘，给人的阅读体验不好。

第二，提炼卖点。每一个产品都有自己的亮点，写这类文案要尽可能全面地提炼出产品的卖点，如水感清透、深度保湿、持久服帖……

第三，突出差异化。把自己的产品与市面上的竞品相比较，找到自己产品的优势，如一物多用、六效合一、平价替代版、滋润不长脂肪粒……

第四，与用户有关。多关注用户的需求，即用户在购买该类产品时，他们的关注点和需求在哪里，如打造立体高级脸、坐着瘦成"小腰精"、轻松改变穿衣尺寸……

第五，学会借势。所谓"借势"就是利用有说服力或影响力的人和事给产品背书，如带货女王××同款、××明星推荐、断货王……

总之，不同的平台变现的方法不同，写作者一定要坚持多写、多练、多分析。

第 4 节　短视频文案创作模板

随着智能手机的快速发展，从 2G、3G、4G，再到 5G 时代，高速发展的信息化时代为我们的生活带来了更多便利。除了文字，视频也在改变我们的生活。

短视频的异军突起，让人们只要拥有一部手机，就可以拍下自己的生活或感兴趣的内容，展现给更多的人看。

现在及未来几年，抖音、快手将会是人们日常生活中必不可少的视听平台。短视频类的文案策划会出现供不应求的现象，因为要做到纯原创会越来越难。

和新媒体文章相比，短视频文案的创作需要花费更多的心思。

一、前期准备

在创作短视频文案之前，我们要先了解短视频是怎么玩的。

虽然抖音和快手都是短视频平台，但二者有一些区别，抖音注重点播，带货能力较强，而快手注重直播。

另外，在创作短视频文案前，还要对自己有一个全方位的了解。

1. 定位

第一，产品定位。例如，美食、美妆、服装家纺、鲜花茶叶，原产地水果，养殖基地（土鸡、鸭蛋、龙虾、生蚝）、手工制作等，都属于产品定位。

第二，领域定位。如搞笑、教育、三农、美食、育儿等。

第三，人设定位。所发视频的内容需要具有一致性，即包装形式、展现形式等不要东一榔头西一棒子。

2. 变现

在确定了自己的定位后，我们就要考虑如何变现。一般来说，有粉丝就能变现，只是变现的高低不同而已。

在很多垂直领域内，尽管粉丝量很少，但变现能力很强，如育儿、营养搭配等。

之前网上公布过一个数据，一些搞笑视频号虽然有 3 000 多万粉丝，但变现能力远远不如只有 30 万粉丝的知识口播类号。

3. 了解流量分发机制

抖音和快手的流量推荐分发机制是用户上传视频并通过审核后，推荐给已经关注用户的粉丝，或者根据用户的标签匹配定位用户附近的人或者平台，逐级推荐更大的流量池。

只有对短视频平台的流量分发机制进行细致分析和研究后，才有可能快速进入更大的流量池。

4. 禁止事项

- 禁止硬广，软性植入，橱窗产品和视频内容一致。

- 视频里不允许有电话、二维码、微信号。

- 禁止刷粉和刷赞。

- 禁止喝酒、吸烟、竖中指、骂人。

- 禁止穿着过于裸露，低俗不雅。

- 禁止出现文身、仿真玩具枪、水果刀、剪刀等危险物品。

- 禁止其他平台的水印和抄袭别人的作品等。

- 内容不涉及政治、宗教、种族歧视。

只有了解了这些规则，我们写短视频文案才更有可能得心应手和成功。

二、短视频文案策划

在了解了短视频的相关知识后，我们才能开始进行文案策划。

1. 拆解爆款短视频

我们可以先对自己所属领域内的爆款短视频进行拆解。

例如，有人发布了一条"吼孩子"的视频，达到 100 万点赞和 1 亿的播放量，我们可以把这个视频的文案整理一下，一句一句地进行分析，总结爆款短视频的特点。

2. 选题

短视频的选题非常重要，选题很大程度上决定了短视频是否受欢迎。

在做短视频文案策划时，研究爆款选题也非常有必要，就像写新媒体文章一样，要建立爆款选题库，选题数量至少达到 100 个，只有这样才有足够的选题去拍。

3. 人设定位

短视频的人设非常重要，这样大家才能对你有深刻的印象。

例如，千万粉丝大号毛毛姐的人设就是一头红发外加一口贵州话，而李子柒就是恬静优雅的农场主生活展现。这些带有明显特征的定位，让我们一想到红头发就立马想到毛毛姐，一想到田园生活就会想到李子柒。

当你找到一个符合自己特征且有表现力的形象时，就能把大家的目光吸引过来。

4. 素材准备

选题和人设确定之后，接下来就要找素材。虽然短视频的文案只有

300 多字，但需要准备的素材并不少。

就像拍电影一样，每个分镜头的脚本准备、拍摄背景材料等都要体现在文案中。只有文案越详细，拍摄的时候才会越顺畅。

5. 场景化描写

短视频分为口播和剧情展现两种形式。

口播类短视频一般分为干货分享、图文并茂、真人出镜等，不需要太多的个人表现，也不用太复杂，先抛出问题，再列出干货即可。

例如，教孩子写作业，口播就只写如果孩子不写作业妈妈要怎么处理，列出几条方法即可。

剧情展现的文案相对复杂一些。例如，学生在学校被人欺凌，一共有 8 个分镜头，每个分镜头都需要写出相应的脚本，再一个一个地组合起来。

在写短视频文案的时候，一定要有逻辑性和连贯性，同时还要注重场景化。

6. 时间限制

短视频的长度最好不超过 1 分钟，时间太长的话观众没有耐心看下去，这样会影响完播率。完播率是短视频运营的一个重要的维度和指标。

不过时间也不能太短，有些视频号为了追求完播率，文案写得很短，内容不完整且不能引发观众的共鸣。

三、短视频文案写作注意事项

1. 语言要符合人设定位

在写短视频文案时，语言一定要符合人设的语言风格。

有些短视频号的人设是用带有方言的普通话说话；有些短视频号的人设是彩妆大师，10 秒涂好口红；还有些短视频号的人设是萌娃。这些都体现了语言风格对于人设定位的重要性。

2. 节奏要快

短视频文案最好在 300 字以内（后期还需要剪辑），而一般人每分钟可以说 220 个字。所以，要在 300 字的文案里写出风格、写出剧情。

例如，某个专拍广告的短视频号主能在很短的时间内将节奏把握得很准；某口播短视频号主会在很短的时间内讲一个小故事、小经历，然后引申出一个道理。

短视频的节奏快是因为现在的用户阅读速度快。用户快，我们也要快。

3. 文字要大众化

短视频面向的群体一般是普通人，大家更想看到的是我们用生活化的语言表达想法和情感。因此，我们需要用接地气、正能量的语言表达自己的观点和看法。

4. 有创意和转折

例如，有一个视频号以口播为主，号主的每一个视频甚至每句话都有一个笑点。

关于"演技"，有人问他，你在生活中演过戏吗？他说："我天天都在演啊。"

转折一：在电梯里，如果不小心发出奇怪的声响，怎么隐藏自己；如果在马路上不小心碰到别人了，应该怎么缓解尴尬等。

转折二：考试后说自己一点也没有复习的人最后考了80分，说最后一道题差点没写出来的人最后考了95分，一声不吭、偶尔陪笑的人考98分，而说自己这次超常发挥的人，最后反而不及格。

转折三：作诗《江城子·挂科》

一夜复习两茫茫，看一句，忘三行。路遇友人，脸色皆凄凉。

视死如归入考场，心里慌，手中忙。

……

这条短视频的点赞量高达145万，大家的留言有诗，还有回忆自己当年考试的情形。

可见，无论是做剧情还是口播，都要设置转折点，并保证是原创，这样才能吸引更多的人关注。

第四部分

持续写作

第十一章

写作中的自我成长

第 1 节　如何做到高效输入

在持续写作的过程中，写作者很容易遭遇瓶颈期。例如，废稿越来越多，上稿越来越少，很难写出令人耳目一新的内容，整个人变得焦躁不安，甚至怀疑自己是否适合写作。

对于写作者来说，出现这些问题意味着你需要重视"输入"了。

写作即输出，也就是写作者将自己的想法、知识、观点通过文字的方式输出至外部。

写作初期，我们输出的是自己在此前的人生历程中积攒下来的内容。若要持续写作，后期就必须保持及时输入，有进有出，才能游刃有余，达到一种平衡的状态。否则，如果我们长时间输出而不输入，不仅很难写出更好的文章，写作也会变得越来越痛苦。

在管理学中，有一个皮阿特法则，即能用他人的智慧完成自己工作的人是伟大的。在写作中，这个法则同样适用。

例如，在我们的写作社群里，有一位写作者接到一篇以"说服力"为主题的职场文约稿，编辑要求文章的重点放在"如何说服客户"上。

这位写作者虽有职场经验，但她主要负责后勤工作。眼看截稿日期就要到了，她依旧一筹莫展，最后她决定向我们寻求帮助。

根据我们的建议，她快速阅读了 5 本与"说服力"有关的书籍，从中归纳出 10 种最打动她的方法。接下来她带着这些方法请教销售部的同事，结合大家的工作经验，她从中挑选出 5 种较为实用的方法；最后，她尝试使用这 5 种方法说服不同的朋友，并留下其中最有效的 3 种方法。

就这样，这位写作者不仅在规定的时间内完成了约稿，还受到了编辑的夸奖，说她的这篇文章写得非常专业。

无论是看书还是向他人请教，二者的共同点在于可以利用他人的智慧快速弥补自己的短板，对于写作者来说，看书和向他人请教均属于高效的输入方式。

尤其是看书，我们认为看书不仅能帮助写作者解锁知识盲区，激发写作灵感，还可以在阅读的过程中学习优秀作者的写作技巧，如故事的描写、细节的处理、文字的运用等，进一步提高自己的写作水平。

要想做到高效阅读，我们可以从以下三个方面入手。

一、选书

高效阅读的第一步，就是要学会选书。

选书的目的在于帮助我们节省时间，避免阅读没有实际价值的书。

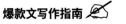
同时这也是一个"断舍离"的过程，这样我们就不用买很多书，也不会造成潜在的阅读压力，真正实现轻松、高效阅读。

1. 看需求

选书的第一步是我们要问自己三个问题：为什么想读书、读什么书、想从书中收获什么。下面我们举一些具体的例子。

为什么想读书

- A 是一名作者，最近她需要写一篇亲子文，为了让自己的文章显得更加专业，所以她想读书；

- B 是一名宝妈，为了在养育孩子时使用更科学、更有效的养育方法，所以她想读书；

- C 是一名小学教师，为了让学生掌握更加高效的学习方法，所以她想读书。

读什么书

- A 要写的这篇亲子文，标题是《父母情绪失控，是孩子一辈子的噩梦》，那么她要读的书应以"情绪管理"为主；

- B 的宝宝今年 3 岁，教育孩子让她和丈夫感到无比头疼，那么 B 要读的育儿类图书应以"孩子的敏感期"为主；

- C 带的班级有几个学生经常上课走神、不好好听课，那么 C 要读的书应以"提高孩子的专注力"为主。

想从书中收获什么

- 对于 A 来说，父母怎么做才能有效地控制自己的情绪，这些方法是她想从书中收获的内容；

- 对于 B 来说，了解孩子在不同年龄阶段的变化及表现，包括如何处理才对孩子更有帮助，这是她想从书中收获的内容；

- 对于 C 来说，如何帮助学生提高注意力，让学生在课堂上学到更多的知识，是她想从书中收获的内容。

由此可见，当我们的需求不同时，所选择的书籍的具体内容也各不相同。

选择当下你最需要的书，才能保证在付出有限的时间和精力的同时收获更多。

2. 看书评

想要了解一本书是否值得阅读，比较快的一种方式是直接查看书评，如去豆瓣、亚马逊等平台看读者的留言和评论。

在选书时，我们可以通过查看相关书评了解书籍的优势及劣势，再决定是否值得购买和阅读。

3. 看目录

看书的目录也是一种高效的选书方法。通过查看书的目录，我们可以了解这本书的大概内容及每一章节的主要内容，然后看这本书是否适合自己、是否有用，再决定是否购买这本书。

当我们急需查找某一主题的图书时，可以在电子书商城中快速查找一下，并通过阅读书的目录，查看与该主题相关的哪本书可以解决自己当下遇到的问题，采用这样的方式同样可以节约很多时间。

二、看书

当要阅读的书确定后，以下三种方式可以提高看书的效率。

1. 确定阅读目标和时间

在我们的读书营里，曾经发生过这样的事。

第一周，我们发布了 2 本需要阅读的书籍，让大家自行阅读的同时做好相关笔记。很多人认为 3 天读完一本书很吃力，以至于到了周末，完成的人数不足 20%。

第二周，我们同样发布了 2 本需要阅读的书籍，不过这一次我们每天都提前规定好次日要阅读的具体页数范围，到了周末，89% 的人读完了这两本书，并且每天都参与读书打卡。

因此，我们可以先拆解自己的阅读目标，让任务变得简单和具体，这样就可以轻松、按时完成原本看起来很难完成的读书目标。

不仅如此，如果你能做到规定自己每天的具体阅读时间及时长，那么读书任务将会更加高效地完成，因为在规定的时间内一般人都能保持注意力高度集中。

2. 带着问题阅读

在写作过程中，带着问题阅读一本书是我们经常会遇到一种情况。

以上文中的 A 为例，当她确定要读哪本书后，只需看书中与"如何控制自己的情绪"相关的章节即可，并不需要读完整本书。

即使我们在平时看书时，同样可以带着问题阅读。

以阅读《如父如子》一书为例，根据这本书的章节设计，我们可以将本书划分为三个部分。

- 第一章至第五章：读之前你可以思考，仅看书名你觉得这本书讲的是什么？书中讲到的父子关系会是什么样的？

- 第六章至第九章：结合前面的思考，这两个父亲在知道孩子被抱错的消息后会如何面对自己的儿子？

- 第十章至第十二章：再次结合对第二部分内容的思考，最后良多和庆多究竟会不会变得亲密呢？为什么？

根据图书的目录及情节的发展提出问题并进行阅读，我们的思路将会和书中的内容紧密地联系在一起。这种方式可以加深我们对书中内容的理解，也会让我们在阅读时更加专注，避免出现草草读完后毫无印象和没有收获的情况。

3. 刻意练习快速阅读

有些人看书的速度比较慢，很有可能是陷入了逐字、逐词阅读和反复回读的误区。要想改变这种阅读习惯，就离不开后天的刻意练习。例如，阅读同样一段文字，读书少的人所需的时间一定多于阅读经验丰富的人。

在平时看书时，我们可以进行这样的练习：把自己的眼睛想象成照相机，一次性记录书中某一部分的内容，并让该部分的字、词、句瞬间上传到大脑中，在注意力集中的情况下，你的大脑就能够快速处理这些信息，让你以最快的速度提炼出这部分内容的重点。

另外，在图书《如何阅读一本书》中作者提到，"回读是阅读的大忌，要想高效阅读，就要戒掉回读的习惯。"也就是说，在看书的过程中遇到不明白或令你感触很深的内容时，不要立即停下来试图弄明白或者记录下自己的感触，这样容易打断你的阅读节奏。

最好的方法就是先用笔做一个标记，不懂的地方就画一个问号，令你很有感触的内容可以画一个三角形或五角形。

当你看完整本书后，之前不明白的地方很有可能就解决了。如果还是不懂，那就意味着需要二次精读，在此基础上再结合整本书的内容解决相应的问题。同时，再回到本书最有感触的部分做读书笔记。

三、做笔记

关于做读书笔记，每个人的方法各不相同。

上学的时候，我们经常使用的方法是将好词、好句摘抄在笔记本上。现在，为了便于写作，我们可以将读书笔记和素材结合在一起记录。

例如，在我们的写作社群里，@暴风雪曾分享过自己做笔记的方式。在阅读《如何说孩子才会听，怎么听孩子才肯说》这本书时，她摘抄的是书中的方法论：

倾听并且回应孩子的感受和需要；说出你的感受和需要；邀请孩子一起寻找解决方案；写下所有的想法，不要对想法的好坏做评论（可能的话，让孩子先来）；挑出哪些想法你们不能接受，哪些你们能接受，以及你们计划如何执行。

做完摘抄笔记后，她会在笔记下方写上自己的思考或在日常生活中见到的相应的素材。

像上述结合从书中摘抄的方法论和日常生活中的素材做笔记，并按照不同的类别进行分类，久而久之，在遇到类似的选题时，就可以使用这些素材快速成稿。

除了上述阅读方法外，在时间碎片化的情况善于使用工具，也能做到高效输入，如听音频和倍速观看视频。

现在有很多讲书 App，我们在上下班的路上就可以通过听书的方式让自己保持输入。

有些人一开始使用倍速观看视频或许会不习惯，感觉跟不上。你可以尝试先打开最快的 2.0 倍速，努力让自己适应，然后再切换成 1.5 倍速，这样你就会觉得节奏慢了很多。当你习惯用这样的方式看视频后，就可以节约很多时间，提高输入的速度。

坚持写作是一件有价值且有意义的事情，但与此同时要不断地充实、丰富自己的知识。保持输入和持续输出是一种良性的循环状态。

第 2 节　如何规划自己的写作方向

有人说："我不想把自己的写作方向固定为某一类。今天一个情感热点出来我写情感文，明天一部亲子电影上映我写亲子文，后天一部励志电影上映我写励志文，每种类型的文章我都写，广撒网多捕鱼。"

乍一看，哪里有热点就往哪里追，可能更容易中稿。实际上，这容易导致写作者陷入一种两难的境地：什么都想写，结果什么都写不好。

特别是对想经营自己的公众号、打造个人 IP 的写作者来说，公众号内容太杂会给人一种很乱的感觉，粉丝会觉得号主不够专业。所以，在正式写作之前做好写作规划、明确写作定位很有必要。

一、明确写作定位的意义

1. 让自己的文章更有深度

在确定了写作方向后，可写的范围虽然缩小了，但写作深度会增加。

一个人的精力是有限的，特别对兼职写作的人而言。如果写作者什么都写，可能每一种类型的文章都写得很浅显，文章质量也不高，自然就很难打动读者。相反，如果写作者只确定一个写作方向，将所有的精力都倾注在这一个方向上，其思考会更深入，文章也会更有深度。

2. 给自己的写作准备指明方向

在写作定位没有确定之前，很多人可能不知道如何为写作做准备，因为写作的方向太多了，让人不知从何下手。

明确了写作定位就等于给自己指明了准备的方向，我们就知道自己应该看哪方面的文章，积累哪方面的知识，掌握哪方面的写作技巧。

3. 给读者留下一个清晰的印象

有些写作者想通过写新媒体文章输出价值，通过经营公众号打造自己的个人 IP。在确定好写作定位之后，写作者就可以输出有关某个领域的文章。读者在持续阅读的过程中，就会对写作者有一个深刻而清晰的印象。纵观目前做得比较成功的公众号，都有明确的定位和方向。

二、如何做好写作定位

要想做好写作定位，我们要先明确目前公众号文章大致的分类和特点，然后才能有针对性地进行分析，知道自己适合写哪一类文章。

1. 把握各类文章的特点

从前文的介绍中我们知道，新媒体文章根据内容的不同，大致分为：情感文、亲子文、职场文、励志文等。如何从这几种类型的文章中选一种作为自己的写作方向？首先，我们需要明确这几种类型的文章的写作特点。

一是情感文的写作特点。情感文最突出的特点是内容以亲密关系为主，形式以情感抒发为主。写情感文，贵在"情"字，只有把情感充分表达出来，才能真正写到位。明确了这一点，我们就知道哪些人比较适合写情感文，如感情经历丰富且情感比较细腻、有想法和感悟的人。

二是亲子文的写作特点。亲子文的突出特点是内容以亲子关系为主，形式以方法论为支撑，集情感烘托和说理为一体。亲子文写作比较适合宝爸宝妈，因为他们平时和孩子相处较多，因此在亲子关系方面的感悟可能会更多。孩子的一言一行，带孩子过程中的酸甜苦辣，都是写亲子文的素材来源。此外，由于亲子文大多具有教育意义，因此拥有一定的理论背景就显得必不可少。如果你是儿童教育方面的专家，那么写亲子文就再合适不过了。当然，如果没有这方面的专业背景也没关系，只要我们不断学习，也能成优秀的亲子文写作者。

三是职场文的写作特点。职场文是以职场见闻、职场观点、职场干货为主要内容的文章。职场文比较突出的特点是专业性、说理性。除了职场分享文之外，其他几类职场文的写作都需要写作者有一定的专业和理论背景。所以，职场文比较适合职场经验较为丰富的人来写。除了有职场经验之外，相关的知识储备也必不可少。所以，在空闲时，我们除了学习与自己的工作相关的专业知识外，还需要积累与职场相关的各类知识。

四是励志文的写作特点。励志文就是以分享励志故事、阐述励志道理为主要内容的文章。励志文的读者群体最广，突出的特点是给人以力量。励志文比较适合有励志经历的人写，特别是从一个默默无闻的普通人变成人们交口称赞的成功人士，那么你的经历就是一部励志史。要想写好励志文，除了具备励志经历之外，还需要写作者经常阅读励志类书籍。广泛阅读励志书籍不仅可以让我们对选题更敏感，还能让自己有源源不断的写作灵感。

2. 全面分析自身的情况

当了解了各类文章的写作特点后，我们就需要对自身的情况有一个全方位的了解。写作定位是在充分分析自己的情况下确定的，而不是依靠直觉，更不是随便选一个就开始写。那么我们需要围绕自身的哪些方面进行分析呢？

一是兴趣、爱好分析。写作是一件需要长期坚持的事，如果没有一定的兴趣、爱好作为支撑，我们很有可能写一个月就坚持不下去了。

虽然从表面上看新媒体文章比较容易写，都是口语化的表达，不需要多么好的文采，但真正动笔的时候你就会发现，无论是素材还是逻辑结构，都是大难题。正因如此，才更需要兴趣、爱好作为支撑。兴趣能够带领我们走出困境，能够给我们的写作注入源源不断的动力。所以，我们要先问问自己，喜欢写哪方面的内容。

二是特长分析。除了兴趣、爱好，自身特长也是决定写作定位的重要因素。一般来说，人们做自己擅长的事能够做得更好，更容易做出成绩。

一个人写自己擅长的东西，不仅能够输出更多有价值的文章，也更容易吸引读者。

三是职业规划分析。什么是职业规划分析？就是你目前从事的写作领域对日后的职业规划有没有帮助。一般来说，写作方向决定了日后从事职业的领域范畴。为什么呢？因为不管写新媒体文章是你的主业还是副业，只要在一个领域内输出的价值足够多，你就会发现有很多适合自己发展的方向。

三、培养写作思维

当我们分析了自己的兴趣、爱好、特长、职业规划等多方面的因素后，写作方向基本上就确定了。在确定了写作方向后，还有一项工作很重要，就是培养以下几种写作思维。

1. 换位思考

在写作前，我们首先要明确自己所写文章的受众，他们喜欢看什么内容、关心什么话题，这是需要我们考虑的。

例如，你的写作定位是励志文，那么你就要思考，你写的励志文给谁看。假如是写给大学生看，你就要分析他们对哪方面的内容感兴趣，什么方面的题材比较受他们的欢迎。

如果你不确定自己所写文章的受众对哪方面的内容感兴趣，可以多留意相应的社群、论坛及知乎上的话题讨论，一般来说，参与讨论的人越多，受关注度越高，话题的写作意义也就越大。

2. 打动读者

新媒体文章不仅传递内容，还需要有打动人的力量，只有读者动心了，文章才有可能被转发。

例如，假如你写的是搞笑类文章，读者在看完你写的文章后有没有开怀一笑？假如你写的是温情的情感文，读者看完你写的文章后有没有被感动？假如你写的是励志文，读者看完你写的文章后有没有因此受到鼓舞？

怎么判断读者看完文章后的反应呢？首先，我们要自己先通读一遍文章，看看有没有被打动，如果没有，那就需要修改。其次，可以将初稿发给身边的人看一看（注意保密性），听听他们的意见，然后根据他们的反馈进行修改。

3. 以小见大

新媒体文章的特点是从一件不显眼的"小事"出发，进而层层剖析，引出别人意想不到的"大道理"。因此在定好写作方向后，我们不要想着写得面面俱到。只要从一个小的切入点出发，深入挖掘，阐述一个意味深长的道理即可。

第3节　如何做好写作中的时间管理

对于很多写作者来说，写新媒体文章很可能只是业余爱好或是一份兼职。因此，写作时间很难保证。

毕竟这些人除了写作外，还要上班、做家务、带孩子、运动、阅读……尤其遇上加班，或者带孩子的宝妈遇上孩子生病等特殊情况，写作只能暂时放在一旁。

如果你分配给写作的时间不多，那么如何做好时间管理呢？本节我们就为大家分享如何做好写作中的时间管理。

一、摆脱拖延，从当下做起

拖延是时间管理的头号天敌。设想一下，当你好不容易忙完手头的事情，腾出了半天时间用于写作，却一直拖着不去行动，直到时间过去了还没有开始动笔。事后你会有怎样的感受？自责、懊悔、心塞……因此，拖延不仅浪费你的时间，还破坏你的心情。

拖延是绝大多数人需要努力克服的难题，因为我们天生喜欢做轻松、好玩的事而逃避复杂、沉闷的事。美国心理学家简·博克说："我认为，人们之所以产生拖延的不良习惯，是因为他们害怕。害怕如果行动了，他们的行为就会让他们陷入麻烦。"

对于初学写作者来说，可能会感觉写作太难、太麻烦，所以不想做。因为不想做，所以一直拖着，拖到最后关头不得不做的时候，匆匆忙忙应付，结果就会不尽如人意。

既然拖延的坏处那么多，我们要如何克服拖延呢？

1. 认知先行，积极想象

畅销书《吃掉那只青蛙》中有这样一段话："要想更快成为你理想中的高效能人士，这里有一种特殊的方法。你可以不断地在大脑中想象：你已经是一个踌躇满志、马上行动、处事果断、专注的人，你的回报和收益将会如何。你要经常把自己想象成为一个挑大梁的人，而且总是能够迅速而又圆满地完成你的各项工作。"

所以，我们要想克服拖延，先在脑海中通过想象占领认知，每天把自己想象成一个高效的人，而不是一个遇事拖拉的人。想象虽然不是真实的，却能刺激我们去行动，让我们不断向想象中的形象靠近。养成积极想象的习惯，是克服拖延的第一步。

2. 目标适当且具体

要想快速克服拖延，我们必须先设定一个清晰、具体的目标，并且目标具有一定的可行性。

例如，你在月初制定了一个目标：写新媒体文章。仅仅定下这个目标是很难实现的，因为你可能根本不知道为了写文章自己每天需要做什么、怎么做。因此，我们要将目标具体到每一天，并且规定某个时间段需要做什么。

例如，你根据自己最近的情况制订了一天的写作计划。

写作方面：确定选题、大纲，拆解 2 篇文章，时长 1 小时。

阅读方面：看理财书籍 1 小时。

健身方面：跑步 0.5 小时。

亲子方面：陪孩子阅读 1 小时。

从这一天的计划中我们可以看到，它涉及了很多方面，并且内容也比较明晰。明确了各项工作所需的时长，你就能清楚地知道自己今天需要预留 3 小时完成写作任务，并且任务的难度适中。假如你计划拆解 10 篇文章，就有可能因为拆解文章而耽误了其他方面的时间安排。

所以，作为初学写作者，一开始的写作强度尽量小一些，要结合自身的实际情况来定。只有目标足够具体且适中，行动力才更足。

3. 设定最后期限，不给自己拖延的机会

人都有惰性，针对不紧急的事我们往往会一拖再拖。

因此我们可以给自己设定一个最后完成的期限，如果在规定期限

内我们没有完成，就给自己一个小小的惩罚，比如减少玩手机的时间；如果完成了，就给自己一个小小的奖励。

给自己设定最后的期限，并且设置奖惩措施，长期坚持下去，你会看到意想不到的效果。

二、改掉 5 大坏习惯，做时间的主人

要想做好时间管理，有两件事最为重要：一是想办法腾出更多可利用的时间，二是提高时间的利用率。要想提高时间的利用率，我们必须改掉一些坏习惯。

1. 不做手机控，不让手机偷走我们的时间

在信息化社会，手机不仅给人们带来了便利，也让一些人沉迷其中难以自拔。尤其对自制力比较差的人来说，刚开始他们可能只是想通过手机找写作素材，但不知不觉就成了搜索"八卦"的时间。

那么如何才能不让手机偷走我们的时间呢？可以借助一些软件。例如，你可以设置早上 8:00~12:00 玩手机的时间是半小时，超过半小时软件就会自动提醒。

2. 不抱怨，做人生的主人

在写作的时候，如果我们遇到一时攻克不了的难题，负面情绪就很容易占上风。此时，抱怨就会出现。但抱怨会让我们充满负能量，不仅影响自己的情绪，写作效率也会受到影响。

抱怨看似无关紧要，但却会拉低你的写作效率，让你在不知不觉中

掉进"消极"的陷阱。因此，我们要克服抱怨的坏习惯，当开始抱怨时，及时对自己说"停止"，并且从积极的方面思考，让行动带着自己进入状态。

3. 一心不多用，保持持续专注

在写作的过程中，最忌讳的就是一心多用。一会刷网页、一会看手机、一会聊微信，好不容易有思路了，却一次又一次地被打断。专注是提高效率的关键，唯有专注，灵感才会不断迸发，思路才会越来越清晰，遣词造句才会越来越顺畅。

所以在写作的时候，我们一定要排除身边的一切干扰源，让自己一气呵成。唯有持续保持专注，才能提高写作的效率。

4. 摆脱慢节奏，保持适当的紧迫感

如果我们的写作节奏很慢，就很容易出现分心、拖延等状况。

如何找到适合自己的"快节奏"呢？你可以运用一些时间管理软件给要完成的任务定时，并且在执行任务时，不能退出定时界面。你必须在这个时间内完成写作任务，并且在此期间不能打开其他软件。保持较快的写作节奏，不仅可以提高效率，还能避免分心，一举两得。

5. 别想着一步登天，做事一步一个脚印

有些写作者确定了一个写作目标后，就想一鼓作气，立马完成写作任务，一旦最后目标没完成，自信心就会备受打击。其实，"一步登天"的心理是初学写作者最应该避免的。我们不可能一口吃完一个蛋糕，而是需要一口一口地吃，循序渐进，最终才能够吃完，我们在完成某

项任务的时候也是如此。

例如，你打算一周写 2 篇文章，那么你就要在第一天把选题大纲确定下来，第二天找素材完成初稿，第三天修改。怎样确定选题和大纲呢？把第一天的步骤再细化。当一切都在你的计划中有条不紊地进行时，再难的任务，你也不会畏惧。

三、把握 5 大技巧，让时间为你所掌控

1. 善于制订短期、中期和长期计划

有些人会说："每天都制订计划已经很费事了，还要做周计划、月计划甚至年度计划，这也太浪费时间了吧？"的确，制订计划可能会花费一些时间，但磨刀不误砍柴工，只有将年度计划细化到季度计划、月计划，再到周计划、日计划，我们在写作时才有一个明确的努力方向。

例如，你制订了一个年度计划：一年上稿 120 篇，那么平均下来每个季度就要上稿 30 篇，每个月要上稿 10 篇。为了实现每月上稿 10 篇的目标，你必须每个月写 15~20 篇文章。这样细分后，你就知道自己每周、每天需要怎么做和需要完成多少任务量。

2. 把写作放在"紧急且重要"的位置

畅销书《吃掉那只青蛙》中提到一种方法，先做最重要、难度最大的 3 件事。也就是把最难的青蛙先吃掉，这样可以实现效率最大化。有些人总想着等自己"有空"的时候再写，但实际情况是一直"没

空"。之所以"没空"写作，很有可能是因为你把写作排到了各项任务的最后。

要想快速提升写作技能，你必须把写作放在业余时间的"紧急且重要"的位置。只要一有时间就先去做与写作有关的事，哪怕只有10分钟。只有你对"写作"这件事足够重视，并将它优先排序，才有可能在这方面有长足的进步。

3. 避免同时完成几项任务

人们在面对一大堆任务的时候，就会出现焦虑、烦躁等情绪。因为心里着急，我们恨不得几项任务同时开展，但这样做非常不可取。

试想一下，假如你正在专心致志地写作，一会儿开始打电话聊天，接着又打扫卫生，扫了一半又心急火燎继续写作。你的效率会怎样呢？大脑在专注于一件事的过程中不断被打断，并且再次回到之前的状态需要一定的时间，这在无形中浪费了很多时间。所以，我们在写作的时候必须避免同时完成几项任务。

4. 找出关键制约因素，突破低效率瓶颈

无论我们做哪项工作，之所以一直难以推进，一般是受到一两个关键性的制约因素的牵制。

例如，针对写作，有些人之所以写得慢，可能是素材搜索不得法，为了找到一个合适的素材需要用两三天的时间；有些人是不会找选题的切点，为了找一个合适的选题，思考一两天还没头绪。

当我们发现一直没有找到解决这些问题的办法，并且这些问题是制

约写作效率的最大因素时，那么就必须想办法克服这些难题。只有这样才能突破写作瓶颈，让自己快速成长。

5.零碎时间灵活用，养成良好的写作习惯

如果你是一名职场宝妈，那么你自由掌控的时间将会更少，因为除了工作，带孩子也会花费很多时间和精力。所以，这类群体必须学会将零碎的时间利用起来，这样才能确保按时完成目标。

例如，我们的目标是 1 小时内确定选题、列大纲、拆解 2 篇文章。如果当天的时间比较零碎，我们可以将 1 小时拆分成 2 个半小时。半小时用来拆解文章，半小时用来确定选题和大纲。

此外，我们要利用好一切可利用的时间，假如上下班乘坐公共交通来回需要 1.5 小时，这期间就可以策划选题、思考大纲、找素材。此外，我们还可以将文章的几个部分拆开写，分别在一天之内的不同时间段内完成。用零碎的时间灵活地开展写作，你会发现自己可以在一天之内写出一篇文章。

第十二章

写作的意义

第 1 节　写作能给我们带来什么

记得在一部小说中一个小孩问主人公："你为什么那么喜欢看书？"主人公回答："我的人生只有一种活法，但看书能让我过上无数种人生。"

其实，写作和阅读一样，也能让人生充满无数种可能。

一、思考能力

在对学员的文章进行无数次改稿和点评后，我们发现，越是喜欢思考的人，写出的文章越有深度。一旦我们养成了思考的好习惯，不仅有利于写作，对我们的工作和生活也有一定的帮助。

那么，该如何思考呢？下面我们给出几点建议。

1. 动机要强烈

对于写作者来说，写作是自己的事，只有我们的内驱力特别强烈时

才会去写作，并且想做与写作有关的任何事。因此，对于写作这件事，我们的动机要十分强烈。

2. 增加思考的次数和频率

在写作的过程中，遇到任何问题我们都不能放弃，并且问一下自己这样做或那样做可以解决问题吗？为什么可以？例如，写素材的时候，名词前面加动词可以吗？加形容词可以吗？为什么要加在这里，为什么不能加在另一个地方？

3. 多维度思考

在写作时，我们要多思考段落之间的逻辑关系，并且多层次、多角度地看待一个问题。例如，思考整篇文章的结构、素材、说理等之间的关系，每段之间、故事与说理之间的关系。只有不断思考，并且从多个维度思考，我们才能养成良好的思考习惯。

4. 观点先行

当我们不知道自己表达的内容是否正确时，那就先明确观点，再根据这个观点推理出论据。在推理的过程中我们要不断提问和解答，以使文章的结构不断完善，这样也能写出一篇有意义、有价值的文章。

5. 概念要清晰

写完文章后，我们要先看一下主题是否鲜明，概念是否清晰。例如，在我们的写作社群里，有一位学员在写有关"吼孩子"这个主题的文章时，触发了她对老公的抱怨，以至于后面一段内容都在抱怨自己的老公。针对这篇文章而言，这位写作者对"吼孩子"这一概念的表述和呈现就不清晰。因此，只有写作者明晰了某个概念，才能写出与此相关的好文章。

6. 思考细节

如果文章的整体结构或框架没有问题，那么从细节方面思考其中的文字表达是否到位就显得很重要。有时候一个字就能影响整句话甚至整篇文章的立意。

凡事多思考，遇事多提问，这个方法能够解决很多看上去很难的问题。

二、表达能力

当我们养成了思考的习惯后，不管面对任何事情和问题，都会先思考一番。这样当我们向外界表述自己的想法时，就会变得越来越有逻辑。

从心理学的角度看，从想法到表达需要五个步骤：想法出现、选择主题、选择句式、填充文字、表达出来。

写文章和上述步骤非常相似，都有立意、选题、结构和素材，写出来是表达，而说出来是交流。

在与他人沟通的时候，如果你能把上述五个方面的内容理清楚、想明白，有理有据地说出来，就能获得他人的信任。

三、爱上阅读

关于写作，一般初学写作者会觉得自己写不出来或写不好，也就是说你写得越多，越觉得有素材可写，但前提是要有一个良好的阅读习惯。

例如，我们有一位好朋友是某公众号的号主，为了持续更新自己公众号上的内容，她每年至少读 100 本书和看 40 部电影。

其实我们三个人每年也会读至少 70 本书和看 40 部电影，尤其在每年的 12 月份都会对下一年的读书做一个规划，挑选各个领域值得阅读的书籍。

如果你现在还不喜欢阅读，没有关系，可以先开始写作，当你倒逼自己输入时，就会慢慢地爱上阅读。

四、认识更多的朋友

苏东坡的一生有很多朋友，即使被贬至杭州，他也把一片荒凉之地变成成文人聚会的地方。而关于苏东坡的很多传说和趣事也基本发生在杭州。

为什么苏东坡在哪都不缺朋友呢？因为他出色的才华就像磁场一样有着强大的吸引力，能将大家吸引到他的身边。

同理，在写作的道路上，我们能遇见很多与我们惺惺相惜的人，并且吸引那些爱慕我们、喜欢我们、需要我们和支持我们的人。

五、塑造自己的品牌

蔡康永在自己的新书《因为这是你的人生》发布会上，讲到他是如何踏上写作这条路的。

原来他的父亲特别爱买书，但很少看书，而他特别爱看书。爱看书的蔡康永也爱写作，所以时常会写一些文章，并且在各大报纸、杂志上发表。

第一次接到出版社的约稿时，蔡康永整整兴奋了三天，之后他埋头写了自己第一本书。在持续的兴奋状态下，他很快就写完了初稿。

他还讲到自己非常幸运，能够拥有机会出书，也希望大家在写作这条路上能一直坚持下去。

对于写作者来说，如果文章是自己的名片，那么书籍就是自己的品牌。打造好自己的品牌才能快速到达成功的彼岸。

虽然我们还在起步阶段，但至少已经开始了。当你不断地努力向前，慢慢地接近自己的目标时，那么将来你所拥有的不仅是一张小小的名片，更有可能是自己的品牌。

第 2 节　如何写出影响力

什么是影响力？就是拥有影响他人的力量，把他人往你想要的方向引导。

当写作者拥有了一定的影响力，既可以打造个人品牌，也能获得更多机会实现多渠道变现。

针对如何写出影响力，我们可以从以下几个方面着手。

一、做好自己，保持初心

1. 传递正能量，言行一致

一名优秀的新媒体写作者必须具备的基本素质就是对文字保持一定的敬畏心理。

一篇文章在公众号上发布后，读者数量少则几百，多则可能高达几十万、几千万，如果我们写的文章内容三观不正，传递出来的是负能量，甚至是错误的方法，那么后果将不堪设想。

既然选择写作，我们就要秉持正确的价值观，不要忘记自己最初选择写作的原因。

与此同时，想要写出影响力还要做到言行一致。只有这样，读者才会相信我们，相信我们写的文章。

2. 目标长远，并适当细化

著名作家诺曼·文森特·皮尔曾说："所有成功人士都有目标。如果一个人不知道他想去哪里，不知道他想成为什么样的人、想做什么样的事，他就不会成功。"

要想拥有影响力且走得更加长远，就需要我们制定一个明确的目标，然后将目标拆解成几个小目标，这样成功之路才会更清晰和具体。

例如，在我们的写作社群里有这样一位写作者，她在刚开始学写作时就给自己制定了一个长远的目标：出书。

她将这个大目标细化为以下几个小目标：

- 学习写作；

- 开始上稿小平台；

- 突破上稿百万级大平台；

- 保持稳定上稿；

- 建立自己的公众号平台，拥有一批读者粉丝；

- 和出版社编辑保持沟通，了解出书事宜；

- 确定书稿主题，写好大纲和试稿，交给编辑审核；

- 修改调整后，完善书稿内容，完成书稿并出版。

她认为，虽然这个目标看起来需要很长一段时间才能实现，但只要按照这个步骤逐步完成，她就不会跑偏。

学习写作大半年后，她告诉我们自己正处于稳定上稿的阶段，并且提前收到了出版社的约稿，如今正在撰写她的新书。

人生从来都不是我们成为什么样的人，然后再做什么事；而是我们做了什么事，然后成为什么样的人。在做任何事之前，我们想清楚自己的长远目标是什么，我们现在做的事和我们的目标是否有关系，只有这样，才能避免事倍功半。

二、不断升级，打造 IP

有人说：一个人就是一家公司。微信公众号告诉我们，再小的个体也有自己的品牌。

这意味着无论我们从事哪一行，都要学会将自己当作一个公司去运营和打造，并拥有自己的个人品牌。如果我们做到了这一点，不仅成功的速度会提升，机会也将越来越多，产生的效益也会越来越大。

现在，如果你想要快速打造个人 IP，就需学会借助新媒体平台，在不断提高自己的能力的同时学会一些运营技巧。

1. 找准自己的定位，并写出自己的品牌故事

定位决定了"你是谁、你是做什么的"；品牌故事决定了"别人是否要关注并跟随你"。

例如，我们给自己的定位是擅长写新媒体文章的写作培训师，所以我们的品牌故事主要是讲述我们三个人当初如何开始写作的、写作的过程及写作的收获，再到为什么会开新媒体写作培训班，在开班过程中我们是如何帮助学员学习写作的，学员们获得了哪些成绩，以及遇到了哪些困难，最终又是如何解决的。

通过我们的品牌故事，大家就知道我们是谁、是做什么的、为什么要关注我们，以及是否需要我们的帮助。

找准定位并拥有与之对应的品牌故事，他人就可以快速识别我们并对我们形成一个固定的印象，在有人需要这一领域的帮助时，大家首先想到的就是我们。

2. 对标同类大咖，拆解发展过程

要想快速学会写作，我们要学习拆解，而想要快速打造个人IP，也是如此。

当你不知道如何迈出第一步时，不妨找一位现在已经做出成绩的大咖，拆解一下他的发展历程。

当你在发展过程中遇到瓶颈时，同样可以找一些相关领域的大咖，拆解他们是如何做出成绩且实现突破性发展的。在分析和研究大咖的基础上学会迁移并不断完善和努力实践。

通过拆解，我们可以有效地学习他人的经验，站在巨人的肩膀上成长，同时避免一些不必要的麻烦和问题，达到事半功倍的效果。

3. 撰写干货文，发布在各个平台

围绕自己的定位，我们可以撰写一些与之有关的干货文。

如果你的定位是写作培训，那么你就可以写《零基础如何开始写作》《写作究竟如何变现》《写作应该避开的坑》等。

如果你的定位是新媒体运营，那你就可以写《新媒体运营入门》《新媒体运营真的赚钱吗》《新媒体运营应该注意什么》等。

如果你的定位是朋友圈打造，那你就可以写《怎么打造微信朋友圈形象》《什么样的朋友圈最有吸引力》《如何运营个人朋友圈吸引潜在客户》等。

我们可以结合自己的经验或根据大家想了解的内容进行创作，并同步发布到各个平台，如个人公众号、知乎、微博、今日头条等，并将这些文章链接转发到自己的朋友圈和一些社群，就可以让自己的个人

IP 形象更加深入人心。

当我们撰写的干货文越来越多时，可以将其整理为一套课程，通过视频或者音频的方式在各大平台上线。

如此一来，既可以推广我们的个人品牌，加大曝光量，同时还可以突出我们的专业程度，快速吸引大量的精准粉丝。

4. 打造个人品牌社群，拥有私域流量

从 2019 年开始，新媒体的趋势开始发生改变，打造自己的私域流量池是必须要做的事。

要想打造好个人 IP，我们就要掌握社群营销及社群运营的方法。

一般来说，常见的社群有以下几种。

一是分享类社群。这类社群以分享为主。例如，常见的"好书共读群"，每天都有不同的读书爱好者在群里分享自己所读的书的内容、方法，包括推荐一些好书。

二是销售类社群。这类社群以销售变现为主。例如，常见的"团购秒杀群"，群里主要发布能让社群成员一起团购和秒杀的商品，实现快速变现。

三是服务类社群。这类社群以服务群成员为主。例如，我们的写作课程社群就是在上课的同时，帮助群内成员进行改稿、点评、投稿对接等。这类以付费参与为主的社群，群内的活跃性和黏性比其他类型的社群要高。

总之，不管是哪一类社群，想要运营好私域流量，都需要围绕我们的个人定位，建立有趣、有能量或有料的社群，这样才能让社群达到

高活跃、高黏性、高转化的状态。

那么，如何打造一个拥有精准流量的社群呢？一方面，我们可以将上面提到的自己所写的文章发到各个平台，以吸引精准的粉丝，另一方面，我们可以加入其他同类型的社群，主动分享自己的专业知识或回答他人的问题。最后将这些用户整合到一起，这样我们就可以拥有一个属于自己的精准高端社群了。

之后我们可以结合不同的社群定位安排不同的社群活动，保持用户的参与度和获得感，这样对于后期个人品牌变现将会有很大的帮助。

罗辑思维创始人罗振宇表示，"未来社会最重要的资产就是影响力"。从此刻开始，我们就可以做好打造个人影响力的准备，既要不断地输出有价值、有质量的内容以得到别人的认可，又要注重运营和推广，让自己的文章出现在更多平台，这样才能被更多的人看到和知道。

第3节　打造持续写作力

当写作持续了较长一段时间后，有些写作者会发现，好像没什么可写的了。擅长的选题差不多写完了，新的选题和角度暂时想不出来。文章的结构基本上是固定的，跳不出固有的模式。到达这个阶段，写作者的心里难免会疲乏。在写作过程中遇到疲乏期很正常，但我们要想办法跳出疲乏期，让自己有源源不断的写作动力。那么如何打造持续写作力呢？下面我们给出几点建议。

一、养成良好的写作习惯

1. 不忘初心，持续写作

有些人写作是为了向更多的人传播专业的知识；有些人写作是为了和大家分享自己的对生活的看法和感悟；有些人写作是为了让自己的文章传播出去，被更多的人看到。

当写作持续了很长一段时间，你感觉自己无选题可写或快要写不下去了，请闭上眼睛，思考一下，自己当初为了什么而写作。写作是一件有价值的事情，既然有价值，就有必要继续坚持下去，不辜负读者，不辜负自己。

2. 养成良好的习惯，让写作成为生活的一部分

养成良好的写作习惯是顺利度过写作疲乏期的有效途径。在我们的身边不乏优秀的写作者，他们把写作当成和吃饭、喝水一样平常又不可缺少的事。要想打造持续写作力，我们就要养成持续写作的习惯。

试想一下，本来我们的写作基础已经很扎实了，但突然停了下来，几个月没有动笔，这样我们还会有写作的热情吗？所以，即使遇到再大的困难，我们也要保持一周写一到两篇的基础量，只有笔耕不辍，写作才不会生疏，写作状态才能持续下去。对于写作基础较好，时间又相对充裕的人来说，可以每天写一篇。写得越多，进步就越大。

二、养成良好的输入习惯

1. 输入是持续写作的前提

有一位新媒体编辑曾告诉我们："想要写好一篇新媒体文章，你必须要快速查阅 10 本书，才能确保文章的深度。"这就说明保持足够的输入对写作的重要性。

很多写作者达到一定阶段后之所以停滞不前，与他们的输入较少有关。的确，假如我们就看了几本书、几部电影和电视剧，也不关注综艺节目。如此一来，我们就会陷入素材枯竭的困境。此外，还会导致在遇到一个新的热点时，很难从一个新颖的角度去思考，在论述观点时也不够深入和全面。久而久之，写作热情就慢慢冷却了。

要想让写作在各个方面保持长期性和稳定性，必要的输入必不可少。在这里，写作输入主要包括看书、电影、电视剧及当前比较火的综艺节目等。特别是与我们的写作方向领域相关的书籍，更要经常看。

2. 持续输入，需要长期坚持

每周保持 1~2 本书的阅读量，并且将书上让自己有感触的语句摘抄下来，然后在闲暇时经常翻阅。看完一本书后，为了更好地掌握这本书的思路和精髓，我们可以用画思维导图和写阅读心得的方法加深印象。思维导图能够让我们对书中的内容印象更加深刻，而阅读心得可以锻炼我们的思考能力和感悟能力。

除了阅读书籍，也需要适当观看热门的电影、电视剧、综艺节目。围绕自己的写作方向筛选电影、电视剧、综艺节目的内容，并思考哪些点可以作为选题或素材。

除了思考选题之外，我们在输入的时候也需要及时记录。例如，在电影《奇迹男孩》中，妈妈对男孩无条件地包容和鼓励，让男孩走出阴霾，活出真实、自信的自己，那么这个电影中的某些场景就可以用于"父母给孩子无条件的爱"这一选题。

三、养成善于思考和对选题敏感的习惯

选题来源于生活，生活中处处有选题。很多时候我们找不到可写的选题是因为没有养成善于思考和对选题敏感的习惯。那么如何养成这种习惯呢？

1. 锁定写作定位，从场景中找选题

在日常生活中，我们会遇到很多场景，这些场景都可以成为我们写作的选题和素材。

例如，你的写作定位是情感文，某天你乘坐地铁的时候，有一对年轻情侣因为一件小事而争吵起来，最终女孩生气离开，男孩则在杵在原地不动。从这个场景中，你会得出怎样的选题？如"好好说话的重要性""恋人双方应该懂得换位思考""一个人爱不爱你，吵一次架就知道了"。因此，即使是一个普通的场景，只要我们留心就能得出很多选题。

在这里要注意的是，我们要多留意与自己的写作定位相关的场景。

2.随手记，时刻补充素材库

正所谓"好记性不如烂笔头"，想要让自己有源源不断的选题和素材，必须养成随手记的好习惯。那么随手记主要记哪些内容呢？

第一，值得记录的故事。如果说选题和中心点是新媒体文章的灵魂，那么故事就是骨肉。一篇好的新媒体文章离不开与中心点相契合的故事。特别是身边常见的故事，更能拉近和读者之间的距离，给人一种亲切感。所以，及时记录所见所闻的故事很重要。

第二，自己的感悟。针对自己身边发生的事或听别人讲的事，你有什么感悟和想法？记录下你的感悟和想法，而这些感悟和想法就是写作时案例分析的来源。

第三，意味深长的句子。平时我们在和别人聊天时，如果对方说了一句让我们觉得很有道理或意味深长的话，一定要及时记录下来。这样的句子经过改编和加工后就有可能成为文章的金句。此外，如果是我们自己说的，别人觉得这句话很妙，也要及时记录下来。能让别人产生共鸣的句子都具有成为金句的潜质。

3.发散思维，寻找最佳切点

保持选题经常更新是持续创作的前提条件。要想有源源不断的选题，针对一个现象或问题就必须从多个角度进行思考，从而得出不同角度的切点。平时我们看到一个新闻事件或热点的时候，可以从自己的写作定位出发，思考 5 个以上的切点。然后将这几个点都列出来逐个进行分析，从中找到比较新颖、能引发读者共鸣的点。

一般来说，我们第一个想到的切点别人也能想到，所以需要摒弃。

要想得到不同角度的切点，平时必须进行发散思维训练，不拘泥于一个角度。我们只有经常进行切点训练，并且保持足够的输入，才能确保有源源不断的选题和切点。

四、养成提前策划选题的习惯

1. 提前策划选题，心中有数

所谓的提前策划选题，就是提前做好选题准备。无论是自己做公众号还是投稿，都需要提前做好准备。有些公众号会提前策划好一周、一个月内的选题，并且提前撰写好文章。提前策划选题可以让公众号将不同角度、不同风格的文章穿插在一起，读者读起来也有一定的层次感。

例如，一位写亲子文的作者其公众号一周的选题策划如下：周一安全教育类、周二情商培养类、周三情感育儿类、周四育儿分享类、周五幽默搞笑类、周六周日转载。避免相邻几天输出同一类的内容，让读者对公众号的内容有所期待。

如果你现在处于投稿阶段，同样要计划好接下来一周的写作方向和选题。如果遇上热点新闻或事件，可以随时放下手中的选题，将热点穿插进来。

事实表明，只有提前做计划，写作才不会漫无目的，更不会无从下手。

2. 写作之前立一个 flag，让写作更有动力

对写作者来说，定好 flag 并做好详细的规划，能让自己明确写作的方向。例如，你想在 3 个月之内让自己的文章发布在某个心仪的公众号上，这就是你努力的方向。怎么才能实现呢？

首先，你要在第一个月熟悉这个公众号的调性，并且对这个公众号的历史文章展开深入分析，分析其选题、文章风格、常用结构等。想要对这个公众号有足够多的了解，你至少要分析该公众号上的 100 篇文章，甚至是近半年的文章。之后你就可以对照着该公众号文章的风格进行创作，并且不断对比、不断修改，直到自己满意为止。

你立的 flag 如同黑夜中的灯塔，不仅能指引你前进，还能在你失意、疲惫的时候时刻提醒你，让你充满力量。

即使心中有一万个不想写的理由，但只要有一个足够强大的理由让你继续写，你一定会鼓足勇气，在写作的道路上继续前行。

写走心的文字，过有底气的生活

有人问过我：你是为了生活而工作，还是为了工作而生活？

当时我想，这是在问我先有鸡还是先有蛋的问题吗？

其实我也不清楚自己的真实想法，不确定我想要的是什么。

可能是为了生活而工作，但我的潜意识并不屈从于这个现实，我想要的是更好的生活和更理想的工作环境，或者说我选择写作就是为了将来有一天我的孩子可以骄傲地告诉别人：我的妈妈是作家。

为了这种生活，我在努力。

生活永远高于工作，除非这项工作是为了让更多的人更好地生活。

我们三个人的理想生活就是，一边努力工作，一边有自己的精神追求。等我们一起老去，三把竹椅，几本书，几杯清茶，一个上午，又一个下午。

为了这种生活，我们不约而同地选择了写作。写作带给我们的快乐，远远超过了它本身的意义。

回想曾经，儿子在叛逆期时对我说："妈妈，你怎么都不上班，整天无所事事。"这句话深深地刺痛了我。因为我本来有一份不错的工作，只是为了有更多时间照顾孩子才去上夜班，这样能有更多时间陪孩子。

现在，写作改变了他对我的看法。现在一提到我，他总是自豪地说："妈妈真的超厉害，是作家。"

虽然我离作家之路还很遥远，但在儿子的心里这二者已经画上了等号。

他在求学的路上不断追高，我在写作的路上不断提升。我们相互成就，互相鼓励，我想我给了他一个最好的生活方式，让他在未来的日子里面对生活和工作时能有所借鉴。

——羽毛

很多人做着不理想的工作，过着迷茫且焦虑的生活，就像两年前的我，甚至还安慰自己，安于现状也挺好。

可是如果你明明能够成为更优秀的人，过上自己想要的生活，为什么不尝试一下呢？

就像我们的学员 @苏沫，经历了婚姻的风雨，心理抑郁又无助的时候是写作帮助她走出浑浑噩噩的日子。通过写正面的文字、找正面的素材、和同样爱好写作的朋友聊天，她的生活变得积极又充实。同时，写作倒逼着她看书，让她看懂了很多，也看透了很多，她变得爱笑了，发自内心地笑，对待孩子也更有耐心了。

对她来说，写作不仅带来更多收入和快乐，更让她开始了全新的人生。

还有从零基础跟着我们学写作的 @胖包，拥有硕士文凭却抱着一个"铁饭碗"的她经常被周围的人说，"你读那么多书有什么用？大学毕业也可以进体制内呀！"

这些话曾一度让她倍感困扰，觉得自己毫无价值。就在失落、沮丧时，她开始学写作。之前下班后，她要么刷剧，要么玩手机，除了年龄在长，其他什么也没长；开始写作后，学习、写稿、改稿占据了她大部分的空闲时间。虽然很忙碌，可每次写完稿子，她都会有一种成就感。当稿件被公众号平台录用时，她更是发自内心地感到欢喜。

对她来说，写作让她变得更加自信，并且有了副业收入。

还有通过写作，让夫妻关系变得更好的学员 @梅子，她说丈夫看到她现在每天都看书、写文章，他也开始把落灰的书拿出来坐在旁边看，这让她感到很有成就感。

有趣的是，丈夫知道她写文章可以赚钱后，主动包揽了家务，让她可以安心地写文章。

对她来说，写作让她有了新的寄托，不再为了打发时间刷微信和淘宝，生活也变得更充实。此外，除了工资之外又多了一份收入，在生活中也更加有底气了。

像上述这些人一样通过写作改变生活的人还有很多。就像我们开办写作培训班的初衷一样，我们写这本书也是希望为想要改变的人提供一些可参照、易上手的方法。

想要成为更优秀的人，就要多读书，多尝试，认识到自己思维的局限，然后打开"思维转换"的开关，改变自己理解这个世界的方式。

很高兴，我们能通过这本书相识、相知。

如果你已经读到了这里，接下来就请放下自我怀疑，放下不敢尝试的念头，按照书中的步骤，一点一点地开始，没有什么不可能，没有什么不可以。

让我们一起，写走心的文字，做温暖的人，过有底气的生活。

相信下次再相见，我们必定是在更高处，因为我们的征途是星辰大海。

——一木

当我和羽毛、一木一起谈及出书时，其实我们的想法很简单，就是希望更多的人能通过文字表达自己的想法，让有价值的文字传播到更远的地方，影响更多的人。

在自媒体盛行的时代，每个人都能为自己代言。我们在传递价值的同时，生活也悄然随之改变，而写作是改变生活的有效途径。

记得有一个朋友说过："假如除了上班时间外，你每天都在逛淘宝、刷抖音、打游戏中度过，而别人则是看书、写作、运动、旅游，10 年之后差距自见分晓。"

好的生活状态需要好的生活习惯，而写作能让你高度自律，善于思考。

选择了新媒体写作，就意味着选择了汗水和寂寞。因为唯独付出汗水，努力突破，才能取得成效，不辜负当初立下的目标。

有价值的事，怎么会轻松呢？正因为不轻松，我们才需要战胜懒惰，与自己死磕，让生活变得更有意义。不要怕开始动笔，更不要怕自己的文章得不到认可，尽管写出来，有了行动，一切都有可能。

虽然本书介绍了多种新媒体文章的写作方法，但我不建议你尝试每一种写作方法或方向。从前期来说，或许你对其中几种都感兴趣，因此可以每种都试着写几篇。尝试之后你就知道自己喜欢写什么、适合写什么，最后就能确定自己的写作方向。

纵观目前新媒体行业，公众号上每天都有各类文章发布，读者的眼光和要求也越来越高，刚开始时他们会关注很多公众号，后来大多数会被取关，只留下几个价值高的。在这样的行业背景下，我们更需要写得精、写得专。盯紧一个发力点，深入挖掘、积累。随着时间的推移，你会收到不一样的惊喜。

当写作持续一段时间后，我们会懈怠、厌倦、迷茫。这很正常，千万不要因为暂时的不良状态而放弃。每个人都有暂时突破不了的困境，写作也是如此。我们只需要脚踏实地，不断提高写作水平，困境自然不攻自破。

放平心态，写走心的文字，静待花开。

——舒允